女孩梦

有梦的孩子飞得高

卢勤◎主编

北京师范大学出版集团
BEIJING NORMAL UNIVERSITY PUBLISHING GROUP
北京师范大学出版社

图书在版编目（CIP）数据

女孩梦：有梦的孩子飞得高 / 卢勤主编. — 北京：北京师范大学出版社，2014.8（2020.9重印）
ISBN 978-7-303-16302-1

Ⅰ．①女… Ⅱ．①卢… Ⅲ．①故事–作品集–世界 Ⅳ．①G78

中国版本图书馆CIP数据核字（2014）第089441号

营销中心电话 010-58808083
少儿教育分社 010-58806648

NYUHAIMENG

出版发行：北京师范大学出版社 www.bnupg.com
北京市西城区新街口外大街 12–3 号
邮政编码：100088
印　刷：三河市兴达印务有限公司
经　销：全国新华书店
开　本：710 mm×1000 mm　1/16
印　张：18
字　数：206 千字
版　次：2014 年 8 月第 1 版
印　次：2020 年 9 月第 7 次印刷
定　价：35.00元

策划编辑：谢雯萍　谢　影　　责任编辑：周　鹏
资料整理：向　军　　　　　　装帧设计：红杉林文化
美术编辑：袁　麟　　　　　　责任印制：乔　宇
责任校对：李　菡

带着梦想出发

一个鸡蛋，从外面打碎是压力，从里面打碎是成长。从外面打碎的鸡蛋变成食品；从里面打碎的鸡蛋变成小鸡，变成生命。小鸡从蛋壳钻出来时，自己敲碎蛋壳，它高喊着："我要出来！我要长大！"这就是内在的力量，让它获得新的生命，这种内力就是梦想！

有梦想，又肯于不懈努力，就会获得新生。

每一个生命，都是带着梦想来到这个世界。带着梦想出发，生命从此有了价值。

在漫长的人生当中，有人给你黄金，不如有人给你梦想。

黄金虽好，却容易花掉，亦有千金散尽的伤怀。有梦想相伴的人生，与你做伴的，还有喜悦和自由的心境，朝气勃勃的面貌和担当的气度，越来越开阔的胸怀与长远的眼光。

正如习近平总书记所说："每个人都有理想和追求，都有自己的梦想。现在，大家在讨论中国梦，我以为，实现中华民族伟大复兴，就是中华民族近代以来最伟大的中国梦。"

每一个中国男孩，每一个中国女孩，都贡献出自己的梦想，让我们手牵着手，把我们的梦想连接在一起。

我们会为中国梦持续不断地贡献出自己梦想的力量。还有什么比带着梦想出发更能激发人生的意义呢？

梦想是生活里的一盏明灯，是无价之宝。有了梦想，人生就有了光彩。有人寻找如何克服失败的方法，最后发现，"失败"只有一个天敌，那就是"梦想"。因为，有梦想的人将所向披靡。

带着梦想出发，像春风伴随着清晨的朝阳，照见每一个寻梦人的笑脸。

带着梦想出发，顺着梦想指引，从祖国最偏远的乡村到繁华的都市，从每一张课桌到每一个书声琅琅的教室，从世界的东方到西方。中国男孩和中国女孩，为了心中梦想的实现，让我们的情商、品性、境界和觉悟不断提升，成为最具正能量的学子。

带着梦想出发，我们就能够听到心灵的召唤，那里藏有人生最美的画卷。

带着梦想出发，我们勇往直前，那将是一个充满奋斗与喜悦的过程，是找寻爱与自由的人生之旅！

中国男孩，中国女孩，让我们出发吧！

美好，是一种传承；梦想，是一种正能量的传递。成就本书的过程中，我们查阅了众多中英文网站与有关媒体，从中选编了那些身怀正能量人物的材料，以及激励青少年放飞梦想、追逐梦想的感人故事。在此对相关作者和单位致以最诚挚的谢意！

目录

第一章　梦想

梦想，是一切美好生活开始的地方

第二章　品质

品质，为梦想的实现铺设一条阳光的道路

第三章　境界

境界有多高，梦想就能够飞多远

第四章　心灵

心灵，是实现梦想起航的纯正力量

第五章　觉悟

觉悟，为梦想的实现提供原动力

第六章　目标

目标，是实现梦想最可靠的指南针

第七章　进取

天下没有免费的午餐，有付出才会有收获

第八章　细节

细节，决定成败，决定梦想的实现

第九章　创意

创意，为梦想的实现提供新思维

第十章 信念

信念，是实现梦想的一泓如意源泉

第十一章 情商

情商，能使梦想的实现事半功倍

第十二章　心态

心态，左右梦想的实现，决定命运

第一章　梦想

梦想，是一切美好生活开始的地方。

心存希望，幸福就会降临；心存梦想，机遇就会来临。

在生活中，有了梦想，便有了目标；有了目标日子才会踏实，人生才好起航。

"有非凡志向，才有非凡成就。"比尔·盖茨诚恳地说，"切实去执行你的梦想，以便发挥它的价值，不管梦想有多好，除非真正身体力行，否则，永远没有收获。"

现在，为中国梦的实现而贡献出你的梦想、你的正能量吧。

知识救国梦

冰心曾说过，这世界缺少了女人，至少没了五分的美丽、六分的温柔、七分的爱和八分的坚强。这句充满智慧的话，穿越了岁月，一再闪耀出它的光芒。

4岁时，冰心随父亲迁往山东烟台，父亲是"海圻"号巡洋舰的副舰长，而烟台有海军军港。当时，冰心的父亲是奉命到山东烟台去创办海军军官学校的。

冰心家住进了烟台海军训练营旁边新盖的房子里。房子盖在山坡上，是一个四合院，那儿离海近，留下了冰心童年的很多欢笑声。7岁时，冰心读了《三国演义》《水浒传》等，这些书让她爱不释手。

那时，大海陶冶了冰心的性情，也开阔了这个小女孩的心胸，同时让她也变得有点"野"了。每当冰心活蹦乱跳地从屋外跑进家，母亲总会微笑地骂她："看你的脸都晒'熟'了！一个女孩子这么野，长大了怎么办呢？"

这时，身旁的父亲就会接话说："小孩子大了，还会野吗？"

母亲显得既无奈，又乐和，指着父女俩说："你们……"

可能因为父亲是军人，冰心小时候常穿男装。有一年，冰心回福州老家探亲，当她脱下男装后，伯母和叔母都惊讶地说："四妹呀，你该扎耳朵眼，戴耳环了。"那个年代的女孩子大多会扎耳朵眼、戴耳环的。然而，父亲不同意："你们看她左耳后面，有一颗聪明痣。把聪明痣扎穿了，孩子就变笨了。"显然，这是一个漂亮的借口。

有一天，父女俩在海边漫步，再过一些时候，海面上的那轮夕阳就要沉入海平面。父亲突然对冰心说："中国北方海岸好看的港湾有很多，像威海卫、大连和青岛都很美。令人痛心疾首的是，都被外国人占领了，现在只有烟台在我们手中！"

父亲的话，深深地印在冰心幼小的心灵上。

在以后的岁月，冰心更加刻苦学习，这期间她还有幸阅读到了当时商务印书馆出版的《说部丛书》。少女时代，冰心已立志知识报国，有了拯救处在苦难中的民族的梦想。

1923年，冰心以优异的成绩考取了美国威尔斯利女子大学，并获得了奖学金。学成回国后，冰心先后在燕京大学、北平女子文理学院和清华大学国文系任教。同时，她还热情地进行文学创作。

后来，冰心成为受亿万读者喜爱的著名作家，仅入选过中小学课本的作品就有《小橘灯》《再寄小读者》《春水》《荷叶·母亲》《观舞记》等。

冰心的儿童文学作品，充满着对少年儿童的爱和希望。她从儿童的特点出发，寓教育于情趣之中，以情感人。冰心采用与少年儿童促膝谈心的方式，以亲切、委婉的语调，述说自己生活中的见闻和内心的感受，并且叙述得那样有趣，那样娓娓动听，就像有一种魔力吸引着小读者。心中有梦的人，才能把梦想的种子播撒在孩子心中。

梦想启示

冰心从小就心怀知识报国的梦想，凭借一腔热血和不懈的努力，她在追逐梦想的同时也成了著名作家。

为梦想付出勇气

吴小莉出生于台湾省台北市。从读小学起，吴小莉就喜欢参加演讲比赛。每当比赛日子临近，吴小莉就早早起床了，一看钟表，才五六点钟。她拿起演讲稿子，就去院子中央大声背诵。

这时，周围邻居家的叔叔和阿姨们就会对吴妈妈招呼道："你家的小莉又要去参加演讲比赛啦！"

事实上，那时的吴小莉还是一个胆小的女孩子。每次比赛前，她都很紧张。吴小莉曾想过放弃演讲比赛，但心里又非常喜欢演讲，梦想有一天成为主持人。看出了女儿的心思，从没有过上台演讲经验的吴妈妈安慰女儿："孩子，不用怕，你说话时就把台下的听众当成木头、西瓜好了。"

谁也没想到，妈妈的话还挺管用。每一次感到紧张时，吴小莉就给自己打气。因经常参加演讲比赛，吴小莉成了学校的明星。这个怀着梦想的女孩，舍得付出，因而能过关斩将，夺得了好多个第一。

后来，吴小莉和妈妈走在路上时，偶尔会被同学指着窃窃私语，这让吴小莉感觉很不自在。妈妈却面露微笑，劝解女儿道："如果你以后出名了，这种情况会更多。"

高中毕业时，吴小莉报考了辅仁大学学习新闻。大学毕业那年，学校要求传播学系的学生采访商界名流，如著名企业家之类的人物。

当时，有着远大梦想的吴小莉，将她的采访对象确定为可口可乐总裁。这是一个非常有挑战性的工作，在全校师生看来，那几乎是不可能完成的任务。

　　吴小莉为了完成任务，几乎每天都去可口可乐公司苦苦守候，但都没有成功，每次都被秘书委婉地拒绝了。有一天，事情有了转机，总裁要去哈佛大学发表1小时的演说。吴小莉依然充满激情，去抓这个毫无把握的机会。她在拥挤的人群当中，终于见到了总裁先生，总裁也对她的勇气表示佩服，答应留给她5分钟的采访时间。

　　然而，走上演讲台的总裁全情投入了演说当中，到了第55分钟依然没有结束的意思。由于总裁此次只在此停留1个小时，就剩下5分钟了，这让吴小莉心急火燎。没有犹豫的时间了，吴小莉大胆地递上了一个纸条："请您记得与一个女学生的约定。"

　　这个大胆的举措让可口可乐公司总裁非常佩服，不仅接受了吴小莉的采访，并且不是5分钟，而是长达30多分钟，这也是总裁首次接受长时间的独家访谈。

　　成就梦想，需要勇气；要实现梦想，最好的方法就是立即行动。

　　1993年，吴小莉正在攻克英语，准备考"托福"赴美深造。就在这时，香港卫视中文台向吴小莉发出邀请，让她前往香港工作。

　　谁也没想到，平时舍不得孩子离家的妈妈竟然第一个赞成女儿去香港发展。妈妈说："香港比美国要近多了，反正我能在电视上看到你！在我的可视范围！"

　　从那天开始，妈妈便开始很认真地看香港卫视。吴小莉有些不解地问："我还没决定去呢，你怎么就喜欢上了香港卫视？"

　　妈妈回答说："我帮你了解行情啊！"

　　没过多久，吴小莉便去了香港卫视。当初，由于租金昂贵，吴小莉只租了一个没有床、只有床垫的小隔间居住。第一次从香港回台北探亲，吴小莉感觉家中突然变得很大，她不停地在客厅、餐厅来回走动。妈妈在一旁一直看着，心想："完了，这孩子没在香港学坏，但是怎么傻了？"

于是，妈妈大声问道："小莉，你在干什么？"

吴小莉只好说："我在量距离。妈妈，你知道吗？我香港的家，就只有台北的家客厅到餐厅这么大，现在有空间我要在家多走走。"

经过一番努力拼搏，吴小莉终于梦想成真，在香港拼出了自己的一片天地。

后来，吴小莉大获成功，成为香港凤凰卫视中文台的当家花旦。在许多观众眼里，聪明、美丽、专业，这是用来形容吴小莉最好的3个词了。

是梦想，让她飞上了那片高空。

梦想启示

有梦想，就去坚持！

实现梦想的过程中，即使遇到艰辛，也是快乐的。

书中寻梦的生活

于丹是独生女。幼时，她和姥姥住在一个大院里。

那是个三进的院子，给童年的于丹留下了深刻的印象。第一进是青砖的天井，下了台阶是个大院，十分安静，长满了枣树、海棠树、梨树、香椿树，还有各式各样的鲜花。每年到了5月份，便会有灿烂的红石榴花在一个小女孩的期盼中准时开放。沿着一个窄窄的小坡上去，那里是后院，虽然没有花和大树，但很安静。在姥姥的帮助下，于丹在枣树和香椿树之间拴上皮筋，一个人跳。

于丹没上过幼儿园，不过，一两岁时她就开始认字了，四岁时接触了《论语》。因为爸爸曾经是中华书局副总经理，国学基础深厚，便向女儿解释《论语》。五岁半那年，她看了人生第一本大书——《红楼梦》。平时，由于姥姥总是很忙，闲下来时除了教于丹练毛笔字之外，就是教于丹背一两首诗词，随后姥姥又得低头拾起针线活。这时，于丹找不到人跟她说话，就自己跟自己说话，开始写起了日记，那年她只有六岁。

看书，是这个小女孩最快乐的事。

多年以后，于丹对那段少时的记忆很满足。她说："我小时候真的很奢侈，有大把的时光可以让我非常安静、细腻和从容，这种生活方式会自然地让你觉得，古典对你来说，是神秘而优美的……说得好听点，我是在诗词、在书堆里熏大的一个孩子，所以后来选了古典文学。"

现在，于丹喜欢李白、苏轼、陶渊明，但她小时候喜欢的诗词却是很细腻的，如李商隐和李后主。李后主的词，一共有83首，包括残损的那些。她曾经把这83首词，每一首都抄了一遍，还装了个蓝色封面，然后用线穿起来，一厚本词集就这样在一个爱读书的小女孩手中做成了。

酷爱读书的于丹，17岁时顺利考入了北京师范大学中文系。

在大学校园，于丹继续她的读书时光。经过积累，多年以后，这个有着梦想、热爱传统文化、喜爱读书的女孩，注定将会在某一天走上一个新舞台，开创自己的时代。

这就有了后来著名的文化学者于丹，北京师范大学教授、博士生导师于丹。当于丹登上中央电视台《百家讲坛》《文化视点》等栏目后，她通过《论语心得》《庄子心得》等系列讲座，把深奥的道理以浅显易懂的方式讲解出来，深受大众欢迎。如今，于丹已成为国内著名作家之一。

梦想启示

于丹说："眼界的高低、境界的大小可以改变一个人的命运。"

于丹说："一个人永远不要去羡慕他人。"

于丹说："真正的英雄是能够为自己的心做主的人。"

于丹还说："生命的逍遥之境，不是人的生命凌驾于万物之上，而是用我们的心与世间万物相勾相连、水乳交融。"

这些充满智慧的语言，都是于丹教授通过读书所得。由于热爱读书，于丹对《庄子》《论语》，有着比别人更深刻的理解、更智慧的心得。

吃苦得学

13岁那年，**敬一丹**永远记住了妈妈的一句话："享福不用学，吃苦得学啊！"

没过多久，苦日子来了，当时家住哈尔滨市松北区的敬一丹，在"文化大革命"期间，一家6口被分在四个地方。爸爸、妈妈和姐姐分别去了三个地方，敬一丹和两个弟弟则留在哈尔滨继续上学。

妈妈临别前，给女儿找来几块碎布，剪了几个三角口子，一边手把手地教敬一丹缝补丁、钉纽扣，一边放慢声音对女儿说："以后，你就是这个家的老大了，要照顾好两个弟弟。"

从那个时候起，敬一丹就"接手"了这个家。妈妈的话时时回响在耳边。正值青春年少，敬一丹就学会了替自己和弟弟缝补衣服。因为东北的冬天特别寒冷，她又逼着自己学会了做棉衣棉裤、缝手套、纳鞋底。

少女时代，毕竟爱美，即使在艰苦的岁月，敬一丹也琢磨着学会了绣花。她在枕头上绣了几朵菊花，美其名曰："战地黄花分外香。"

许多事情，都得自己去做。有些事力不从心，为了不让"要是有爸爸妈妈在身边会有多好"的想法分心，敬一丹便在自己的书包上用丝线绣上雷锋的头像，在一旁用红丝线绣上毛主席的手书体"为人民服务"。

敬一丹背着这个书包去学校上学时，引来了许多小伙伴羡慕的眼神。

这些是穿戴，只要冻不着就行，日常生活中的吃怎么办呢？照顾两个小弟弟，还有自己，这位13岁的少女还要学会与各种布票、粮票打交道。像这样的日子长了，敬一丹就不再觉得苦，正像妈妈所说，她学会了如何吃苦，苦不再是苦，而体会到了独立生活和照顾两个弟弟的快乐。

多年以后，已经功成名就的敬一丹依然故我，保持着最初的朴实和本性。虽然如今超市已经有各式各样的拖把，敬一丹依旧喜欢用旧布条扎拖把。每一次，她都会在劳动中获得一种简单的快乐与满足。

17岁那年，敬一丹去小兴安岭当知青。5年后，她被推荐到北京广播学院上学，成为最后一批工农兵学员。大学毕业后，敬一丹一边工作，一边捧起了书本。她想参加考试，成为母校的研究生。然而，身为工农兵学员，敬一丹对26个英文字母非常陌生，面对英语考试更是一种煎熬。第一次参加考试，她是逃出考场的。最终，为了心中的梦，敬一丹狠下心，专攻英语，一切从零开始，每天疯狂地又背又写。经过长期准备，她第三次走进考场，终获成功，成为一名研究生。这一次，敬一丹不再感到自卑，她是昂首挺胸"杀"回北京的。

一向有"吃苦得学"的精神，毕业后的敬一丹勇敢地走进中央电视台，并在那里一举成名。1995年，《中国少年报》举办了"我眼中的妈妈"征文。当时，敬一丹上三年级的女儿王尔晴写的《妈妈这个人》荣获一等奖。文章写道：

我的妈妈叫敬一丹，她是中央电视台的一名记者……妈妈从来不叫累，也不怕苦，不怕脏。她没有闲着的时候，就是打电话，也要拿一块抹布擦电话机。妈妈脾气大，她每次发脾气都是冲着我和爸爸发。妈妈不挑食，不爱吃的东西她就少吃；爱吃的东西她也不把盘子放在自己跟前，而是问问别人爱不爱吃。别人爱吃，她就少吃一点；别人要是不爱吃，她就多吃一点。妈妈很节省，从不乱花一分钱，浪费一粒米，要是爸爸扔了一个纸盒子，妈妈就会再捡回来……我爱我的妈妈。

女儿眼中的敬一丹是多么可爱可敬！

从1996年6月起，敬一丹担任《焦点访谈》《东方时空》栏目的总主持人，并主持了"香港回归""澳门回归""迎接新世纪"等一大批具有全国影响力的报道。最终，敬一丹以自己的能力和魅力，多次荣获"金话筒奖"，被评为全国"十佳电视节目主持人"。

梦想启示

"享福不用学，吃苦得学啊！"

一丹妈妈的话，培养了一个坚强的女儿；一丹又培养了一个懂事的孩子。

每当敬一丹回忆起那段苦日子时，她总笑着说："假如当时妈妈说：'我可怜的孩子！'我也许会哭，为自己，为弟弟。而妈妈却说：'吃苦得学啊！'我就不以苦为苦了，反而受到了一种鼓励，甚至以苦为乐了。"

古人云：静以修身，俭以养德。吃苦正是成功的助推器。

梦想舞台

30多年前，**鞠萍**跟随父母和哥哥，从北京下放到河南省正阳县一个村庄的"干校"。年少的鞠萍很快在乡下找到了属于自己的欢乐，爸爸妈妈一到"干校"去劳动，家便成了这个小女孩的舞台。

"我小时候最大的梦想是跳舞。"鞠萍说，"在河南的'干校'时，那里有蚊帐，蚊帐旁边有两个钩把它分开。我想象力也丰富，就觉得它特别像个舞台。3～6岁的时候，经常把蚊帐搭成舞台给邻居们唱歌、跳舞。"

鞠萍经常爬上床，把蚊帐当成大幕，将床当成舞台，她在床上一边跳一边唱，不时停下来给自己报幕。一曲完毕，她又假想自己是观众，给自己热烈掌声，随后喜滋滋笑了起来……

那时的农村文化生活还很匮乏，电影也只有《红灯记》《智取威虎山》《杜鹃山》等，喜爱看电影的鞠萍，一遍又一遍地看这些电影。最后，她能将剧中的唱词记得滚瓜烂熟，出口就能够将剧中的唱腔不走样地唱出来。

上幼儿园后，鞠萍盼望已久、在真正的舞台上一试身手的机会要来了。六一儿童节之前，鞠萍每天都处于兴奋之中，一遍又一遍地排练所参演的舞蹈《我爱北京天安门》。

演出前三天，鞠萍突然生病，高烧近40度。小鞠萍对自己的病一点儿也不担心，她担心的是演出被取消。妈妈已经向老师请假了，可是鞠萍根本不听从妈妈的劝告，挣扎着要去排练。

六一儿童节的演出即将开始，鞠萍不顾妈妈的阻止，哭闹着让妈妈带她去演出地点。拗不过女儿的妈妈，只好把她带了过去。这时，顶替鞠萍演出的小朋友已穿好了演出服装。这下鞠萍急了，她非要那个小朋友将演出服装脱下来，死活要自己上台表演。

眼看那个小朋友也要哭了，在一旁的老师急中生智，忙安慰小鞠萍，让她松手，等别人演完后，给她安排一个独唱。

这样，鞠萍第一次登上了真实的舞台。由于个子矮，她够不着话筒，工作人员就搬来一把椅子，让她站在椅子上演唱。

于是，小鞠萍就演唱了一段现代京剧样板戏《智取威虎山》里小常宝的唱段："八年前，风雪夜，大祸从天降，智取威虎山……"

一阵优美的童声，回荡在演出大厅里。

从那以后，小鞠萍对唱歌和跳舞更加着迷，她已经有了长大后要当舞蹈家和歌唱家的梦想。

后来，鞠萍既没有成为舞蹈家，也没有成为歌唱家，但儿时美好梦想的指引，让鞠萍于1984年进入中央电视台青少部，成为第一位专职的青少节目主持人。她在主持幼儿栏目《七巧板》时获得巨大成功，使该栏目成为中央电视台名牌栏目之一，深受亿万小观众的欢迎，她也被亲切地称为"鞠萍姐姐"。

梦想启示

是儿时最初的梦想，陪伴着我们一路成长。女孩要有自己的梦想，因为有梦想的女孩，更容易接近幸福。

这就是梦想给予一个小女孩的力量。

跳水皇后

那是她的时代，万人瞩目。

她以体形优美、动作轻盈、稳定性好、压水花入水技术尤为突出这些压倒性优势，而蝉联两届奥运会女子跳板跳水冠军。

她是中国第一位奥运会跳板跳水金牌获得者，她在职业生涯当中斩获了70余枚金牌，她也是世界上第一位突破600分跳水大关的女运动员。

同时，她创造了世界杯、世锦赛、奥运会7年全胜的神话。

她到底是谁呢？不用再提示了。是啊，她就是开创跳水界"**高敏**时代"、人称"跳水皇后"的四川美丽女孩高敏。

"我小时候特别爱做梦。"高敏回忆说，"小时候我的梦想就是考上清华大学，因为爸爸妈妈说那里如何的好，自己其实并不知道为什么。"

原来，高敏出生在四川自贡市一个知识分子家庭。小时候，这个小女孩并不斯文，男孩爱的爬树、翻跟斗等，她也很喜欢，让父母有些担心这个"野得发狂"的女儿。6岁那年，父母便将高敏送进了体校体操班。最初，高敏并不喜欢体操班的枯燥训练课，尤其是压关节，让她疼得直咧嘴。

9岁的一天，学校组织游泳，一群小孩都在泳池里，正游得乐的高敏突然看见一双眼睛正专注地看着她。原来，体校跳水教练杨强前来挑选"苗子"。他发现眼前这个小女孩水性好，身体协调性也非常棒。

杨强就指着高敏说："你，上来。"

高敏立刻爬了上去，杨强检查她的手够不够长，腿够不够长，然后问高敏："你想不想学跳水呀？"

当时，高敏是个小机灵，就反问道："游泳要钱吗？"

杨强说："不要！"

高敏兴奋了，赶快回答："好，我来！"

第一次去上跳水课，高敏看到比她先进队的队员穿的衣服和运动鞋上都印有"自贡"二字，让高敏觉得好了不起。

第一天上课，杨强老师先给新到的孩子们介绍1米板、3米台、7.5米台，还有最高的10米台。

随后，杨强指着3米台，向一群孩子问道："你们谁敢从那里跳下来？"

高敏早就在离家不远的河里学会了游泳。她的水性很好，经常从河边的巨石上朝河里跳水，高敏觉得这也不比河边的石头高多少，就大胆地说："我敢！"

高敏迅速地爬上3米台，站在台的最前沿，然后"咚"的一声跳入池中。当高敏从池水中探出头来时，她惊喜地发现，所有人都在为她鼓掌喝彩。

这次经历让高敏受到了极大的鼓舞。随后不久，高敏也穿上了印有"自贡"二字的队服，她心底升起了一股自豪感。从此，这个水性很好的小女孩开始了刻苦训练，她喜欢上了跳水，爱上了这项体育运动。

有一次，杨强教练不在，一群伙伴开始起哄："高敏，你敢跳10米跳台吗？"

生性胆大的高敏硬着头皮，第一次走上了10米跳台。高敏站在10米台上往下看时，感觉很高但又不好意思走回去，最后还是硬着头皮往下跳。当时，高敏只记得自己在空中晕了很久，心也在嗓子眼儿停了很久，身体才栽进水里。

这件事情很快让杨强教练知道了，高敏当众挨了骂，被告诫此事很危险，不许再发生。不过高敏依然胆大而好学，偷学了许多有难度的跳水动作，让杨强教练都无法相信自己的眼睛所看到的。

时间一天天过去了，高敏惊讶地发现，那时有100多个小朋友去学跳水，最后只有自己一个人坚持了下来。

"从那时起，跳水就成了我的梦。"后来高敏回忆说，"我的生活一直在围绕着它。"

10岁时，由于悟性好，有拼劲，成绩突出，高敏被选进了四川省跳水队。

15岁时，高敏入选中国国家队。进入国家队后，高敏在训练场和比赛中，"疯劲"有增无减。那时，凡是教练脑子里想出来的动作，无论难度有多大，高敏都敢上，连教练不敢想的，高敏也敢做。

这时的高敏，聪明好学，训练十分刻苦，因为她已有了远大的目标。四川姑娘的胆大、泼辣、能吃苦，在这期间发挥得淋漓尽致。

终于，起飞的日子来临。

第二年，也就是1986年，第5届世界游泳锦标赛上，高敏赢得了3米跳板跳水冠军。

梦想启示

带着梦想出发，前方将无数个未知的结果以最光彩的方式展现。那才是美好的日子，那才是美好的回忆。

不过，高敏的危险动作和行为，小伙伴们一定不要模仿啊。因为，那真的很危险。12岁那年，高敏曾因跳水动作失误而导致肺部出血。

当然，对于一个勇敢无畏的女孩来说，这仅仅是她传奇故事的开始。

成为离天空最近的人

提起敦煌，人们会想起敦煌壁画，进而会联想到壁画当中那一个个栩栩如生的美丽飞天。

2012年6月16日，是一个大喜的日子。这一天，随着"神舟"九号顺利升空，3名航天员景海鹏、刘旺和**刘洋**也幸福地飞向蔚蓝苍穹。

这一天，在太空上的刘洋是幸福的，同时也是忙碌的。刘洋负责拍摄，她正在全心投入拍摄"神舟"九号与"天宫"顺利对接的全过程。在完成拍摄任务之后，一向阳光的刘洋十分调皮又很自然地把摄像机对着自己，在镜头前露出了一张灿烂的笑脸。

那一刻，飞天"神女"的甜美笑脸，是太空上最美的笑脸。

1978年，刘洋出生在河南郑州一个普通家庭，是一名独生女。刘洋在高考时以超过地方重点院校录取线31分的成绩顺利进入了空军长春飞行学院，从而成为一名女飞行员。那时，刘洋之所以没报考其他重点院校，是因为她有一个梦："成为离天空最近的人。"

进入军校，刘洋没有其他独生女的娇气，有的只是超出常人的执着、沉稳和肯吃苦的精神。在一次野营拉练当中，她的脚磨起了大水泡，但还是凭着毅力走完了剩下150多千米。在一次飞行训练中，刘洋驾驶飞机很意外地遇到18只信鸽，当时很危险，但凭着超常的沉着和冷静，她成功化解了危机。

随着对航天知识的了解，刘洋很快意识到，飞行员并不是离天空最近的人。2009年，中国开始选拔第二批航天员。刘洋抓住这个难得的机会，前往报名，经过层层选拔，最终刘洋以个性开朗、技能娴熟打动了考官，刘洋同王亚平成了中国首批女航天员。

迈入航天员队伍，最艰苦的日子随之而来。当时训练的严酷远远超出了刘洋的想象。当年她成为飞行员时，转椅训练为时 4 分钟，而航天员的转椅训练每次要长达15分钟。对于所有要当航天员的人来说，这都是一道要命的关隘。

"5分钟，好像是我的极限点。听到4分钟报时，我突然浑身冒汗，像晕车一样说不出的恶心，但我不能吐，更不能喊停。"面对媒体的提问，刘洋回忆说，"教员说过不行了就喊停，但从第一批航天员到我们这批航天员，没有人中途停过。因为身体对转椅会有一种条件反应式的记忆，如果你第一次呕吐或停止，下一次就很难坚持了。"

那时的刘洋，唯一的妙方就是拼命转移注意力，她甚至幻想着自己站在一片美丽的海边，看火红的夕阳，看诗情万种的浪花。

第一次挺过去了，第二次就好了不少，后来就一次比一次顺利。最终，刘洋度过了这个直击生命极限的训练难关，成了一名优秀航天员。

梦想启示

在父母眼里，刘洋从小就特别孝顺。在教练和航天员的眼里，刘洋是一个很阳光的女孩，多才多艺，很有亲和力。

在训练场上，刘洋又是一个很拼命的女孩。她勤奋、认真、关注每一个细节。另外，刘洋有很高的情商，善于同教练沟通、和同伴交流。遇到不懂的问题，她一定会打破砂锅问到底。

因为刘洋有着良好的美德，持续的学习能力，良好的情商，还有刻苦钻研的精神，最终她成为令世人羡慕的"神女"，也实现了自己的飞天梦，体验到了人生的美妙。

在充电中把握命运

多年以后，**董卿**理解了爸爸，理解了父爱，和父亲当年的教育方法。

身为独生女的董卿，还没有上学时，在报社工作的爸爸就开始教她认字。识字的快乐还没过去多久，苦日子就来了。爸爸开始让她每天抄成语和古诗，并大声朗读和背诵。

在董卿记忆深处，总会有这样一个印象：爸爸一大早就把还处在睡梦中的自己从床上提了起来："该去跑操了！"

原来，爸爸要求董卿去家门口对面的淮北中学的操场上跑1000米。

在操场上跑步会让那时的董卿感到难为情，因为当时学生出早操，而董卿一个人在400米的跑道上跑步，女孩儿的敏感让她觉得整个学校的同学、老师好像都在看她，感觉自己特别傻。正是这种感觉，也让董卿有过几次机灵的行动：下楼以后找个门洞躲着，算着时间差不多了再喘着粗气跑上楼，假装上气不接下气地说："我跑完了。"

从7岁开始，她会被爸爸要求做一些家务，每天刷碗、擦地。也许这些还可以接受，但爸爸不允许她每天多照镜子，爸爸说："马铃薯再打扮也是土豆，你每天照镜子的时间还不如用来多看书。"

上中学时，董卿就有过勤工俭学的经历。每年寒暑假，爸爸就让女儿去做各种零工，如宾馆清洁工、商场售货员、广播站广播员等，董卿都干过。15岁那年，她到宾馆当清洁工，10个房间，20张床，她要一个人打扫完，最难的是给床换床单，翻动席梦思床垫是力气活，当时董卿的衬衣背后全湿透了，流了一身汗，就这样苦干了一上午也没有完成一半的工作。

爸爸特别严厉，也许董卿在她的童年和少女时期，从来没有体验过掌上明珠的滋味。

不过，上大学后，董卿与爸爸之间的关系突然出现了微妙的变化。有一天，爸爸也意识到他过去的某些教育方法的确有不当之处。他请求女儿原谅，并与女儿第一次像朋友一样碰了杯。

大学毕业后不久，浙江电视台招聘主持人。董卿前往应聘，并幸运地被录取了。正当她在浙江电视台当主持人，有时还做制片，干得如鱼得水时，上海电视台招聘主持人，父母希望女儿回上海工作。这样，董卿便应聘了，最终她从700多个应聘者中脱颖而出，来到了上海电视台。

最初，来到上海电视台的日子让董卿感到意外，因为没有节目让她做，也没有人理会她。在同事们的眼里，她只是个新人。到了年底的上海春节晚会，董卿只有跑前跑后、负责联络和催场的工作可做。近在咫尺的美丽舞台，那时并不属于这个心怀梦想的女孩。她还得等待。

那时的董卿，选择了读书，继续给自己充电，随后她顺利考入了上海戏剧学院电视专业，在那里完成了自己的新学业。

一段时间的沉寂之后，董卿抓住了机会，成功主持了《相约星期六》这档新节目，并让她在上海家喻户晓。

随后，董卿又有过一段失落的日子，她利用那段空闲，又报考了华东师范大学古典文学专业的研究生，继续为更大的梦想做起飞前的准备。

董卿在随后的岁月不断释放出自己的美丽和魅力，成为现在的"央视一姐"，并受到广大观众的喜爱。

梦想启示

　　小时候，董卿是文体爱好者，她的作文成绩很好，演讲、唱歌、跳舞也都很好。

　　同许多喜欢文艺的女孩子一样，儿时的董卿梦想成为一名演员。不过，父母对此事表示反对。最终，她不顾家里的反对，高中毕业后考入了浙江艺术学院的表演专业。

　　这样看来，"央视一姐"董卿，在很早的时候就是一个心怀梦想的孩子。

　　虽然爸爸在教育上很严格，但也让董卿在背诵古诗词中提高了作文成绩，培养了她热爱文艺的情结，也让她在后来的人生道路上取得了成就。在这一点上说，董卿是幸运的。

　　亲爱的小伙伴们，心中有梦想就去放飞吧！记得在路途之中，不断给自己的人生充电。

困境中写出非凡的《哈利·波特》

小时候，她相貌平平，爱流鼻涕，害羞中还透露出某种野性。那时，她最大的爱好就是喜欢写作和讲故事。

大学毕业后，她只身前往葡萄牙当了一名教师，没过多久便与当地一位记者坠入情网。然而，这段婚姻来得快、去得也快。年轻的妈妈只好带着3个月的女儿洁西卡，忧伤地回到了英国爱丁堡。

当时，没有人愿意接受一个带着婴儿的母亲上班，她只好靠微薄的失业救济金养活自己和女儿。栖身在一间没有暖气的小公寓里，她的生活就此跌到谷底。然而，她决心坚强地活下去。

因为，她有一个非凡的梦想。

有一天，一列从曼彻斯特开往伦敦的火车因故耽搁了4小时，在百无聊赖的等待中，她只好凝望窗外。突然她发现了一个戴着眼镜的瘦弱小男孩，当时手边没有笔和纸，无法把那个印象准确记录下来，但她脑海里一直在构思着这个人物。

然而，这部小说只写下了几个片段，冬初没有暖气的小公寓里太冷了，令她没有任何写作灵感。万般无奈之下，她只好推着一辆婴儿车，去小镇上一个名叫尼科尔森的咖啡馆，找一个最不起眼的角落坐下，因为咖啡馆里有暖气。她安静下来，拿起一支笔将故事写在小纸片上。

最初，咖啡馆里的侍者问她要不要一杯咖啡，她只能不好意思地笑一笑。后来，侍者很人性化地再也不上去问她了，偶尔会在远处看着她安静地在纸片上写下一点什么。

5年之后，一部小说在那个不起眼的咖啡馆里完成了。这个身处贫困当中的女人，也终于悄然展开了翅膀。

几经周折，书得以出版，随后风靡全球。只用几年的时间，她的作品被译成60多种文字，在200多个国家和地区出售，销量达2亿多册。她拥有了数亿美元的财富。

她的付出和努力最终得到了回报。这位穷困潦倒的年轻母亲，就是《哈利·波特》的作者J.K.罗琳。

她在贫困之中，依然拥有自己的梦想并努力奋斗，成就了人生的传奇。

梦想启示

她曾经可谓一无所有：没有住房，只能租小公寓，冬天没有暖气，为了写作，她只能去咖啡馆寻找灵感。那时，作为单身母亲，她还有襁褓中的婴儿等着要喂养。

但是，困境中的J.K.罗琳却有一个非凡的梦想。

正是在艰难岁月当中，带着梦想出发，才让她最终走出一条辉煌的人生之路。

现在，就带着梦想出发吧！

这不再是一句空洞的口号，而是一次充满力量的付出与行动。

梦想的魔力

一个黑人小女孩，因为出生时早产差一点儿丧了命。

在22个兄弟姐妹当中，她排行20。这样一来，她的童年不仅没有布娃娃，并且时常吃不饱饭。

4岁时，不幸的事情发生了。这个黑人小女孩患上了肺炎和猩红热，她的左腿因为这场疾病而瘫痪。医生告诉她，她将永远无法行走了。

9岁时，小女孩通过顽强努力，终于扔掉了金属腿部支架，能够独立行走。

13岁时，通过多年不懈努力，她能够比较正常地行走了。对此，医生很吃惊，感叹道："这是一个奇迹！"

也是在13岁这一年，女孩有了一个梦想："我决心成为一名短跑运动员！"

这一年，她首次参加一项比赛，可想而知，最后一名非她莫属。

随后的几年，女孩多次参加比赛。每一项比赛，她都是最后一名。所有关心她的人都劝她放弃，但她从不愿放弃，因为她的心中有一个要当冠军的梦。直到有一天，她终于赢得了一场比赛的胜利。此后，胜利不断，几乎每一场比赛她都能够取胜。

这个黑人小姑娘，就是被人们亲切称为"黑色羚羊"的**威尔玛·鲁道夫**。她是奥运会历史上最伟大的女子短跑运动员之一，3枚奥运金牌的获得者。这些成绩使得人们把她称为"世界上跑得最快的人"。

退役后，鲁道夫从事教练生涯，并为穷苦儿童做了大量的工作。

梦想启示

一个人的出身无法选择，却可以凭借自己的努力去征服命运。

有梦想的人，将所向披靡。

梦想是有魔力的，它能给人带来机会。机会永远属于有准备的人，而梦想督促人时刻准备出发。

威尔玛·鲁道夫说："任何时候都不要放弃希望，哪怕只剩下一条胳膊；任何时候都不要放弃梦想，哪怕残疾得不能行走。"她用自己的行动为这句话做了最好的诠释。

追梦路上永无止境

郁霞秋生长在农村，那时家里经济条件差，孩童时代父亲就告诉她，唯有读书可以改变农村女孩的命运。郁霞秋至今感激父亲的这句箴言。

恢复高考后，1981年，郁霞秋不负众望，成功考上了苏州医学院，成为长江村第一位女大学生。那时，她整天梦想着毕业后成为一名白衣天使。

终于毕业了，一心想去北京发展的郁霞秋被分配到北京的医院，但她的父亲实在不舍得女儿飞得太远，最终，她被改分到了无锡医院，成了一名妇产科医生。从住院大夫到主治大夫再到副主任医师、科室主任，郁霞秋真正实现了自己的白衣天使梦，荣获了"无锡市十佳青年科技工作者""无锡市卫生系统拔尖人才"等光荣称号。

正当郁霞秋在无锡干得风生水起、得心应手的时候，老家长江村的发展遇到了人才瓶颈，招不到大学生。村民们你一言我一语地对郁霞秋的父亲讲："你女儿不是大学生吗？又是我们这里出去的，回来帮帮我们吧！"

就这样，在父母的劝说下，在家乡人民的召唤下，郁霞秋放弃了心爱的医疗事业，回到了生她养她的长江村，从此踏上了长江村的发展和建设征程。

刚回到长江村的时候，郁霞秋像一个职场的"新鲜人"，不知如何面对各种从未接触过的问题。她自嘲道："以前面对惯了病人，但现在要面对的是需求多样的村民和精明狡猾的生意人，实在心里没底。""要想当好这个村干部还真不容易，需要学习的东西太多了！"

之后，郁霞秋沉下心，认真学习村级经济中相关产业的专业技术知识，不厌其烦地向技术人员请教。同时，她又抽出休息时间赴上海金融管理学院、清华大学经济管理学院进行专门的EMBA学习。郁霞秋早就意识到："要想发展村级经济，必须懂得经营管理。"

2005年起，郁霞秋众望所归，接任长江村党委书记和长江润发集团总裁的职位。当她从清华大学毕业的时候，她的眼界已经放到让长江村企业上市的蓝图上。

2007年，长江村企业组建了股份公司。经过3年的努力，长江润发集团于2010年成功上市。此后，集团进一步发展。郁霞秋欣喜地说："如今，全村资产总值从2001年的3亿元增长到2013年的40多亿元，农民人均年收入从2001年的7000元增长到2013年的2.8万元，长江润发集团荣膺'全国民营企业500强'。"

在郁霞秋的带领下，长江村摘得了全村人民引以为豪的三颗耀眼闪烁的"星"：一颗是国际编号为5384号的小行星，2009年正式命名为"长江村星"；一颗是长江润发2010年在深圳证券交易所成功上市的"上市星"；还有一颗是2011年长江村摘得的"全国文明村星"。

追梦路上永无止境。郁霞秋说："我这辈子哪儿都不去，就扎根长江村了，还有好多梦想需要在这片生我养我的土地上——实现，美丽长江、实力长江、幸福长江，要让长江村村美、人美、心灵更美。"

梦想启示：

心怀梦想的人在哪里都能成长、都能发光。很多时候，往往都是艰难的环境造就了梦想之花的灿烂绽放。

第二章　品质

品质，为梦想的实现铺设一条阳光的道路。

哲学家康德说："世界上有两样东西永远值得我们敬畏，那就是头顶上灿烂的星空和内心的道德法则。"

源于心灵的爱，是一种最美好的品质，因为它能爆发出伟大的人格力量，成就那些曾经不可能完成的任务和不可能实现的生活目标。

请带着品质追梦吧，你能看到更多更美的人生风景。

谨守诺言

在**宋庆龄**童年的记忆里，母亲倪桂珍很高雅，是一位很有教养的贤淑女性。

倪桂珍曾做过教师，在一所教会学校教书育人。她弹得一手好钢琴，同时爱好文学。在宋庆龄的眼里，母亲永远是那样高贵而亲切。

小时候，同母亲相处总是很快乐。最令宋庆龄欢喜的事情，便是听母亲讲故事。有一次，母亲又给宋庆龄绘声绘色地讲故事：

春秋战国时期，鲁国君主鲁哀公的身边，有一个叫孟武伯的重臣。此人有一个很大的缺点，经常食言。这种做法自然让鲁哀公对他很有看法。

有一天，鲁哀公宴请群臣。当时，孟武伯同鲁哀公的宠臣郑重，都参加了这次宴会。孟武伯一向不喜欢郑重，便想在宴会上给郑重难看。于是，孟武伯提高嗓门对郑重说："郑先生，您最近怎么又发福了？"

鲁哀公听后，哈哈大笑起来，便说道："一个人经常吃掉自己的诺言，当然会长肥啊！"

君臣们一听，便知道鲁哀公一语双关。他的话语并不是在批评郑重，而是在暗中指责孟武伯说话不算数。

母亲给年幼的女儿讲的这个《自食其言》的故事让聪慧的宋庆龄铭记在心。

又一年过去了。一个夏日的星期天，父亲准备带全家去一位客商朋友家做客，孩子们都穿戴整齐，除了宋庆龄。原来，宋庆龄仍在琴房弹奏钢琴。

这时，父亲看了一下怀表，喊道："孩子们，快点走吧，不然伯伯要等急了。"

宋庆龄忙合上琴盖，跑了出去。刚刚迈出大门，突然，宋庆龄停下了脚步，低下头来想一件事情。

在一旁的父亲看出女儿有心思，忙问道："怎么了，庆龄？"

宋庆龄说："父亲，我今天不能去伯伯家做客了。"

"为什么呢？"母亲也询问道。

"我昨天答应了小珍，她今天来我家，要我教她叠花。"宋庆龄说。

"这事也不大要紧，等改天再教小珍也不迟的。"父亲一边帮女儿解围，一边拉起宋庆龄的小手便走。

"这可不行啊！小珍来了就见不着人。"宋庆龄把自己的小手从父亲的大手中抽了回来。

"那也不大要紧！回来再向小珍解释一下就行了。"母亲说。

"不行啊！妈妈，您不是常说要信守诺言吗？"宋庆龄坚定地说。

这时，父亲和母亲相视而笑，然后连连点头称是。

父亲和母亲不放心在家的宋庆龄，办完事便急匆匆地赶回家。父亲问她："你的朋友小珍呢？"

宋庆龄回答："她没有来，或许是临时遇到了急事吧。"

"没有来？那你一个人在家多寂寞呀！"母亲听了心疼地说。

"不寂寞！虽然小珍没有来，只有我一个人，但我仍然很快乐，因为我信守了诺言。"

✦✧

梦想启示

宋庆龄，20世纪举世闻名的伟大女性。

宋庆龄一生酷爱读书。无论是孙中山与宋庆龄在上海的故居，还是孙中山逝世后，宋庆龄个人在北京和上海的故居，随处可见的都是藏书。她阅读兴趣广泛。

作为中华人民共和国的最高领导人之一，宋庆龄拿国家一级工资，另外还有数额相当大的职务津贴。1951年，她还获得了数额巨大的斯大林国际和平奖奖金。宋庆龄并没有用这些钱去过所谓的十分舒适、十分体面的生活。她将斯大林国际和平奖奖金全数捐给了中国福利院，建造了上海国际和平妇幼保健院。宋庆龄把自己工资中的大部分用来接济生活困难的亲友，并为两位保姆养老送终。她在家中招待一些中外宾客花的也是自己的钱。

这位伟大的女性，不仅从小时候起就有谨守诺言的品质，而且不论后来高居何位，她还一直甘愿过这样廉洁和简单的生活。

每一个伟大的人，总会有共同之处，那便是忘我的人生境界、纯正的个人品性。

自信与智慧

1991年岁末，**吴仪**被调到中国对外经济贸易部，担任副部长一职。没过多久，中美知识产权谈判前两天，中方代表团团长突然患病，吴仪临时替补上阵。

这时，美方抓住战机，在谈判桌一开始就想给中方一个下马威，放话道："我们是在和小偷谈判。"

面对美方的挑衅和无理，吴仪不慌不忙，回答说："我们是在和强盗谈判，请看你们博物馆里的展品，有多少是从中国抢来的？"

顿时，美方面面相觑，哑口无言。他们意识到遇上了真正的对手。

之后，长达两年多的中美知识产权谈判最终有了结果。谈判结束的那天，香港恒生指数大涨。吴仪一战成名，成为对外贸易领域的谈判专家。1993年，吴仪担任对外贸易经济合作部部长。

事实上，吴仪没有任何背景，她1938年出生于武汉一个清贫知识分子家庭。后来，父母早逝，吴仪与比自己大8岁的哥哥相依为命。

少年时代，吴仪跟随哥哥四处迁徙，吃了很多苦头。有一段时间，吴仪和哥哥寄居在重庆一个亲戚家，之后又跟着哥哥去兰州生活。在兰州的那段日子，吴仪很幸运，进入了寄宿制学校兰州女中读书。

曾经常年在外漂泊，上学期间，吴仪就显得比其他女孩子胆子要大。那时，其他女生都留长发，吴仪则一头短发，像个假小子。

学习机会万分难得，吴仪将所有精力都放在了学习上。1956年，她以优异的成绩考入西北工学院。

在大学时，吴仪打过垒球，那时她身体素质虽然并非最好，但她会"用脑子打球"，击球时能够巧妙地触击球破坏对方防守；在防守中，吴仪又擅长游击手的位置，这是个只有身手灵活的人才能够打好的位置。因此，学院的李老师让她当垒球队队长。

有一次，西北工学院同西北农学院打友谊比赛。开赛之前，吴仪做好了动员和组织工作。她强调：所有队员一定要做好两点，一是要有纪律，二是要团结一致。

两个校队即将开打时却遇到了一个棘手问题。因为他们平时所练习的球大小不同，吴仪队练的是9寸球，对方是12寸球。

比赛之前，双方争执不下，一向不服输的吴仪队长这时主动应战道："那好吧，就打你们的大球。"

于是，吴仪主动当了投手。由于吴仪身体灵活，又会用脑子打球，就成了球场上的"智多星"和"指挥官"。最终，在吴仪的带领之下，她们以大比分胜了对方，让对方输得心服口服。

如今，吴仪已经从工作岗位上"裸退"，不再担任任何职务。

吴仪的兴趣广泛，从音乐到绘画，从医学到古诗词，还有设计、种花、种菜等，她都喜欢。据说，现今的吴仪在自己的家中钻研中医，她很早就有这个兴趣。每天，吴仪都用几个小时的时间阅读中医书籍。另外，她还有一个爱好，那就是爬山，每周一至两次。

时常有朋友去看望这位长者，吴仪依旧像从前一样，笑声爽朗，只不过她现在过的是悠闲而平静的生活。

这就是吴仪，有着伟大品质的女性。

梦想启示

少女时代，吴仪就有一个梦想，有朝一日成为一名大企业家。

"我年轻的时候毫无参政意识，不想当官，更没有想过要当部长。"吴仪说，"我最大的理想就是做一个大企业家，现在如果让我选择是当官还是当企业家，我还是选企业家。在企业，自己的思路、决策马上能见效，更容易有成就感。"

后来，吴仪曾长期在中央政府任职，历任对外经济贸易合作部部长、国务院副总理兼卫生部部长等，有"中国铁娘子"之称。

对于美国前商业部长唐·伊文思来说，吴仪是"坚强而温柔的谈判对手"。他评价吴仪时说："她总是面带微笑，可在这微笑中能让人感到她的坚强神经和工程师般的思维。"

《福布斯》杂志的记者塔蒂娜·萨勒芬，曾用3个词来形容她眼中的吴仪：自信、优雅、智慧。

荧荧一剪光也要捧出辉煌

"如果我的心是一朵莲花，正中擎出一支点亮的蜡，荧荧虽则单是那一剪光，我也要它骄傲的捧出辉煌。"这是**林徽因**所写《莲灯》中的诗句，大概也是她一生的写照。

林徽因的父亲林长民，毕业于日本早稻田大学，擅长诗文，书法也非常棒，曾经任北洋政府司法总长等职务。

小时候，林徽因就显露出与众不同的灵逸气质。6岁那年，林徽因得过水痘，当时，在她杭州老家那一带，人们将水痘称为"水珠"。听到这个名字，林徽因一下子被这个美丽的名字深深吸引了，她喜欢人们走近时关心地说："得了'水珠'啊！"

这让林徽因一下子忘记了它是一种病，甚至有些骄傲。

也许，这同许多孩子的感受不同。林徽因天生敏感，充满灵性，有一种异乎寻常的感受能力和艺术气质。

最初，林徽因是同一群表兄弟、表姐妹一起，在杭州祖父的大院里接受大姑妈的启蒙教育。这让出生在书香家庭的林徽因接受了良好的早期教育。

父亲由于常年在外担任公务，就将林徽因留在祖父身边。6岁时，林徽因开始给父亲写家信。

12岁那年，林徽因来到北京，进入北京培华女子中学读书。这是她一段勤奋好学又十分愉快的美好时光。

1920年，林徽因开始随父亲去欧洲游历。这一年，她16岁，父女二人先后到过伦敦、巴黎、日内瓦、罗马、法兰克福、柏林、布鲁塞尔等地。也是在这一年，林徽因进入了伦敦圣玛利女校学习。后来回国继续读书，随后参加了中国现代文学史上重要的文学社团——新月社，进行诗歌和文学创作。1924年，她留学美国，入宾夕法尼亚大学美术学院，选修建筑系课程；1927年毕业，获美术学士学位。

一直为那个时代人们心中的梦想而奋斗的林徽因，那时她的血管里已经注满了东西方文化的血液。

林徽因不仅在文学上取得了很大的成就，同时她还是中国著名的建筑师，同建筑学大师梁思成一起，用现代科学方法研究中国古代建筑，成为这个学术领域的开拓者，后来在这方面获得了巨大的学术成就，为中国古代建筑研究奠定了坚实的科学基础。人民英雄纪念碑和中华人民共和国国徽深化方案，都出自她之手。

梦想启示

一代才女林徽因，一生都在担当责任，担当家庭的小责任、民族的大责任，一生都在追求自己的梦想。

在平静中追求卓越

著名作家**杨绛**，祖籍江苏无锡，在北京出生后不久，杨绛就随父母南下，移居上海。

小时候，杨绛喜欢读书，学习成绩非常棒。但这个看似文弱的女孩，也有很淘气的一面。有一次，杨绛上课时与同学窃窃私语，说着说着竟然笑出声来，被罚站示众。两个人在说话，而老师只罚站她一人，杨绛心里自然不服，也感到委屈，竟然一直大哭到下课。

那时，父亲杨荫杭一直是女儿崇拜的对象。原来，杨荫杭很有学问，是一位开明的知识分子。他先后考入北洋公学、南洋公学，后来又留学日本和美国。

在家中，杨绛兄弟姐妹八人，天资聪慧、善解人意的杨绛是父亲的贴心"小棉袄"。同父母相处时，杨绛是个乖乖女，非常温顺体贴。父亲有一个习惯，饭后会吃一个橘子，杨绛总会先将橘子剥好皮；当父亲吃风干的栗子和山核桃时，她又有了乐事儿，脱壳去衣之事，自然是杨绛抢着做了，并且果品一经她手，肯定会收拾得很干净。

父亲来到上海之后，养成了午饭后休息一会儿的习惯。这时，小孩子们都知趣地散去了。有一次，看着正要离开的杨绛，父亲对女儿说："其实我喜欢有人陪陪，别出声就行。"

刚好夏天时父亲的卧室很凉快，喜欢读书的杨绛就去拿了一本书，坐在父亲房间的茶几旁，安静地看起书来。从那以后，父亲午休醒来时都能看到女儿坐在那里安静地看书。父亲觉得心里温暖，女儿再想看什么书，他都会买回来，或者到书橱中去寻找。

冬天到了，父亲屋里生起了火炉，加煤自然又是杨绛喜欢干的事情，随后她就坐在火炉旁，惬意地看起书来。

一家人的日子，就这样平淡又幸福地进行着。

杨绛虽然聪明伶俐，但很少考100分，在她的记忆里，父亲没有因此责备过她。直到上高中，杨绛还没弄懂平仄声。这时，她自己也急了，不过父亲却安慰女儿说："不要紧，到时候自然会懂。"

有一天，杨绛突然开了窍，会分辨四声了。父亲晚上走过杨绛走廊前，敲了敲窗户，考女儿什么字是什么声，杨绛全部答对了。

杨绛的中学生活就是在这样的氛围中无忧无虑地度过的。

17岁那年，杨绛考入东吴大学。1年后，对于最终要上文科还是理科的问题，杨绛一时拿不准主意，便去向父亲求教："我该学什么呢?"

杨荫杭对女儿说："没什么该不该，喜欢什么就学什么，喜欢就是自己的兴之所在，就是自己最相宜的。"

父亲的这一番话让杨绛豁然开朗，于是选择了文科。也正是这种选择，让杨绛后来功成名遂，成为著名的作家和翻译家，并和著名作家钱锺书先生结了婚。

出生在一个开明的知识分子家中的杨绛，也跟钱锺书先生一样，从小养成了读书的习惯，两人都是书迷。

杨绛小时候，有一次，父亲问她："三天不让你看书，你会怎么样?"

杨绛说："不好过。"

"一星期不让你看书呢?"父亲又问。

杨绛说："一星期都白过了。"

杨绛曾给读书打了一个非常贴切的比喻——"串门儿"。

杨绛说："我觉得读书好比串门儿——'隐身'的串门儿。要参见钦佩的老师或拜谒有名的学者，不必事先打招呼求见，也不怕打扰主人。翻开书面就闯进大门，翻过几页就升堂入室。而且可以经常去、时刻去。如果不得要领，还可以不辞而别，或者另找高明，和他对质。不问我们要拜见的主人住在国内国外，不问他属于现代古代，不问他什么专业，不问他讲正经大道理或聊天说笑，都可以挨近前去听个足够……话不投机或言不入耳，不妨抽身退场，甚至砰一下推上大门——就是说，啪地合上书面——谁也不会嗔怪。"

梦想启示

多读书，读好书。

在中国，钱锺书和杨绛是一对非常著名的夫妻。因为，他们都是著名作家，他们都很有学问。这对夫妻的成功来自于他们从年少时就多读好书。

多读好书，能够让梦想插上翅膀。

既然读书有如此多的妙趣，那么，小伙伴们，今天你读书了吗？

把竞争对手当作患难之交

在许多人眼里，**杨澜**是一位集美丽和智慧于一身的女人，气质端庄，博学睿智。她的美大方得体，而不张扬，脱俗当中有一份淡然，让人赏心悦目。

那么，在杨澜成功人生的背后，又有着怎样的故事呢？

上中学时，杨澜十分上进，考试时的基本分，她差不多能全部拿下，尤其地理和历史，那些需要死记硬背的知识，她甚至能够说出在书本的哪一页上，并一字不差地背诵出来。那时的杨澜，会认真仔细地完成老师布置的每一次作业。

当然，杨澜也有过小打击。上大学时，她的听力成绩并不是"A"，让她一度有过不自信。苦闷的杨澜在自己的日记中写道："明天开始，我要有一个全新的开始，一定要充满信心地把自己的听力提高上去。"经过半年多的不懈努力，杨澜的听力终于突击上去了，也让她变得更加自信。

杨澜很羡慕周围生活中一些棱角分明、有创见和个性的人。杨澜说："我经常觉得自己不是一个有才华和极端聪明的人。"

正是认识到了自己的弱点和某些不足，为了心中那个美丽的梦想，杨澜一直在付出，一直在努力，让自己变得更强。

1990年，杨澜从北京外国语学院毕业后，遇到了一次机遇和挑战。那年，中央电视台正要推出一档大型综艺节目《正大综艺》，向全国公开招聘女主持人。经过多年的准备，实现梦想的机会来了，杨澜顺利通过6次严格筛选，最终与另一名女孩面临第7轮的终极对决。

当时制片方要找的是一位精通英语的主持人。因此，举办方临时决定，最后一轮的决赛题目要求杨澜与另一名女孩去门口准备5分钟，然后用英语做自我介绍，同时用英语说出自己对节目的想法。

辛少英导演是《正大综艺》的创建者之一，她去面试办公室时，恰巧路过两位面试者身边，看见另一个女孩正向杨澜请教两句英文的正确表述方式，杨澜立刻给对方友善而正确的提示。

要知道，被《正大综艺》节目录用的名额只有一个，这是千载难逢的好时机，在两个人势均力敌的时刻，对方英文储备上的小欠缺对于杨澜来说可是一个好消息，她完全可以抓住这个机会，给那个女孩一个打击。

但是，杨澜没有这样做。

后来，带着好奇心和疑问，辛少英问过杨澜，杨澜淡然地说："我没有把她当作敌人，而是当作患难之交。"

也许，正是这样的品质，让后来的杨澜大获成功，实现了她美好的人生梦想。

梦想启示

杨澜的品质，无疑是令人起敬的。

身为2008年北京申奥形象大使，杨澜在2008年的各种场合，身份"冠名"最多的并不是著名主持人，而是"××大使"。杨澜身上的公益职务很多，她担任着中华慈善总会慈善大使、全国义务献血形象大使，以及宋庆龄基金会、中国环境文化理事会等多家公益机构的理事。

这就是杨澜，那个美丽、聪慧、优雅、知性、热爱公益的杨澜。

善良就是最高的奖赏

1963年，《芝加哥论坛报》收到一个名叫**玛莉·班尼**的小女孩的来信。这是一封独特的来信，玛莉在信中说出了自己的迷惑：为什么她帮助妈妈烤好了甜饼，送到餐桌上时，得到的仅是一句"好孩子"的夸奖，但是她的那个只知道捣蛋的弟弟戴维却得到了那个甜饼。进而，小女孩想从西勒·库斯特先生那里寻求一个答案：上帝是公平的吗？为什么她在家和学校经常看到一些像她这样的好孩子被上帝遗忘了。

原来，西勒·库斯特先生是《芝加哥论坛报》儿童版《大家说》栏目的主持人，在他从业的十几年经历当中，这不是头一回。孩子们类似于"上帝为什么不奖赏好人，为什么不惩罚坏人"之类的来信，西勒收到了千封之多。每一次，拆阅到这类来信，西勒的心情都不会轻松，因为他根本找不到答案，自然也无法回答这样的提问。

小女孩玛莉天真的来信，又一次令西勒陷入痛苦的思索。

正在这个时候，他应邀参加了一位朋友的婚礼，结果他从那天的经历当中找到了答案，而且这个有点神奇的答案让他一夜成名。当时，牧师像往常一样主持完仪式，随后新人互赠戒指，也许新郎和新娘过于激动，在他们互赠戒指时，两人阴差阳错地将戒指戴在了对方的右手上。

智慧的牧师见此情景，非常幽默地说："右手已经非常完美了，我想，你们最好还是用它来装扮左手吧。"

说者无意，听者有心，牧师充满智慧的言语顿时让西勒恍然大悟。

右手之所以是右手，它的本身就非常完美，因此就没有必要将饰物再戴在右手上。同样，那些品德高尚的人之所以经常被大家忽略，不就是因为他们已经很完美了吗？随后，西勒得出一个结论，上帝让右手之所以是右手，就是对右手最高的奖赏；同理，上帝让善人之所以是善人，也就是对善人最高的奖赏。

发现这一真理，令西勒万分喜悦，他便以《上帝让你成为好孩子，就是对你的最高奖赏》为题，立刻给玛莉回了一封信，同时将这封信刊登在《芝加哥论坛报》上。

随后，不可思议的事情发生了，不过它是一件大好事。美国和欧洲数十个国家的1000多家报刊迅速转载了这篇文章，并且，在随后的很多年，他们都在每年的儿童节重新刊载一次。

梦想启示

善良，本身就是对人生最好的奖赏。善良的人，往往有良好的心境，有朴实的生活态度，有很高的幸福指数。因此，善良是福。

人生最高的目标之一，便是为内心活着。

内心向善，便心灵有光。

细微美德的魅力

2001年，**康多莉扎·赖斯**成为美国历史上第一位出任国家安全事务助理的黑人，《纽约时报》每日评论上有这样一句话："一些人之所以能交上好运，多数是由于具有细微而不起眼的美德。"细微而不起眼的美德，又在哪里呢？

幼年时期的赖斯，跟随母亲学钢琴。4岁时，她能够掌握一些曲子，在当小学音乐老师的妈妈的帮助下，开了第一个独奏会。后来，赖斯迷上体育，每天早上4：30起床，去溜冰场练习步法，旋转、侧滑、前冲、穿越、踮脚到组合动作和双人滑，因而她花样滑冰玩得很出色。

那时，赖斯喜欢付出加倍的努力。不过真正改变她命运的却是另外一件事情。

1973年6月，一位老太太走进丹佛大学。她去该校的国际关系研究生院找一个名叫约瑟夫·科贝尔的人。老太太第一次来该校，所以不得不一路走一路打听去国际关系研究生院的路怎么走。每一个被她询问的人都热情地为她指路，有人甚至为她画出了路线图。然而，丹佛大学依山而建，校园里的路十分复杂，老太太绕了半天也没见到科贝尔。

这时，一群女生向她走来，老太太又拿出别人给她画的那张路线图，向她们问路。其中一个黑人女孩说："我带你去吧！"

这个黑人女孩便是赖斯，当时她正在丹佛大学读三年级，英国文学系专业。她将老太太带到了国际关系研究生院，并带着老太太找到了科贝尔。

正当赖斯准备离去时，那位老太太却说："我们为什么不认识一下呢？"

这时，赖斯才知道这位老太太是波兰大使夫人，而科贝尔先生则是丹佛大学国际关系研究生院的创办者，也是一名苏联和东欧问题研究专家。后来，人们还知道了，科贝尔先生正是前国务卿奥尔布赖特的父亲。

当赖斯走出国际关系研究生院时，大门口正有人散发宣传单，赖斯一看是一个关于"斯大林时代与政治"的讲座，主讲人就是约瑟夫·科贝尔。"噢，此人不正是我刚才带大使夫人要寻找的那个人吗？"赖斯心想，大家已见过面了，何不去捧捧场呢？

赖斯来到大教室，坐到了第一排，科贝尔先生很快认出了她，这不是刚才送大使夫人的那个女孩吗？当天，科贝尔的演讲引起了赖斯浓厚的兴趣。中午吃饭时，科贝尔先生还特意邀请了赖斯。席间的交谈让科贝尔先生很快发现，这个黑人女孩不仅聪明、果敢，而且对问题有自己独到的看法。这一天，科贝尔动员赖斯毕业后，报考他创办的国际关系研究生院研究生。

就这样，19岁的赖斯大学毕业后又顺利考入丹佛大学国际关系研究生院，26岁时获得了政治学博士学位。

许多人为老太太指路，甚至有人为老太太画出了路线图。但是，唯有美丽的黑人女孩赖斯为老太太带路，亲自将她送到了那里。正是这一细微的善举，给赖斯带来一生的好运。

2005年2月，赖斯接替鲍威尔成为美国国务卿。

梦想启示

赖斯被任命为国务卿之后在白宫成绩显赫。赖斯的成功，源于她细微而不起眼的美德。

大公无私的科学精神

1867年，**居里夫人**出生在波兰华沙一个最普通的家庭，原名玛丽·斯克沃多夫斯卡，是家里5个子女中最小的。她的父亲是一名物理学教授。受到父亲的影响，居里夫人很小的时候就对科学实验有了兴趣。然而，她欢乐的童年非常短暂，因为她还不满10岁时，妈妈就因为得了严重的传染病去世了。

居里夫人在这样的艰难处境中，决心为梦想奋发图强。这也磨炼了她坚强的性格，为了实现远大的梦想，她什么样的苦都能吃。

后来，她在父亲和姐姐的帮助下，来到渴望已久的巴黎求学。每天，她乘坐1个小时马车，是最早一个来到教室的学生，她选择离讲台最近的座位坐下。为了节省时间，便于集中精力学习，入学4个月之后，她从姐姐家搬了出来，在巴黎大学理学院附近租下了一所住房的顶阁。这个阁楼里既没有火，也没有灯，更没有水，不过屋顶上开了一个小天窗，依靠这个天窗，屋里有了一丁点儿的光明。此时的居里夫人已经很满足了，现在她可以全身心扑在学习上。清苦的生活，让她日益消瘦，然而日益接近现实的梦想让她深感心灵的充实。

后来，因对放射性元素镭和钋的发现，居里夫人两获诺贝尔奖：1903年的诺贝尔物理学奖和1911年的诺贝尔化学奖。

功成名就被誉为"镭的母亲"的居里夫人，喜欢清净，生活简朴，半隐居在巴黎郊区专心做自己的实验。所以，采访居里夫人是一件很不容易的事情。1920年5月的一天，美国记者麦隆内夫人费尽周折，终于在实验室里见到了居里夫人。在麦隆内夫人的印象中，眼前这位科学巨人，在她异常简陋的实验室里给人的是端庄典雅的印象。

此时，镭的发现已过去18年，它当初每克的价格曾高达75万法郎。这位美国女记者因此推断，仅凭此项专利技术，居里夫人应该早已是亿万富翁。

然而，早在18年前，居里夫人就放弃了镭的专利权，不仅如此，她还毫无保留地向世人公布了镭的提纯方法。麦隆内夫人十分不理解，问道："为什么呢？"居里夫人露出平静的笑容，回答说："个人不应该因为镭而致富，它是属于全人类的财富。"

麦隆内夫人仍然困惑，追问道："难道在这个世界上就没有你最想要的东西吗？"居里夫人平静地说："有啊，我需要1克镭，因为科学研究需要它，但是18年后的今天，我依然买不起，它的价格太昂贵了。"

这个回答让麦隆内夫人大感意外，她久久不能平静。因为，镭的提纯技术已经使工业界很多人大赚一把而成为富翁，而两度获得诺贝尔奖的镭的发现者居里夫人却困顿在此。麦隆内夫人再也坐不住了，她飞回美国，获知美国1克镭当时的市价为10万美金，她决心找10位女富豪，请她们解囊相助同为女人的居里夫人。麦隆内夫人失败了，她处处碰壁。这让她清醒过来，她认识到这不仅仅是一次普通的捐助，更是一堂呼唤公众理解科学、弘扬科学家高贵品性的社会公共课。于是，麦隆内夫人在美国各地宣讲此事。

1921年5月20日，麦隆内夫人成功了，美国总统将公众捐献的1克镭赠予了居里夫人。

居里夫人一生获得无数荣誉，然而，她从来没有把这些荣誉看得比科学本身更重要。一天，一位科学家到居里夫人家做客，看见她的小女儿正拿着英国皇家学会刚刚颁发给居里夫人的一枚金质奖章在地上玩耍。这位科学家非常吃惊，忙问："夫人，能够得到英国皇家学会的奖章，这是多么高的荣誉啊！你怎么能把如此珍贵的奖章给孩子玩呢？"居里夫人淡淡一笑，说："我想让孩子们从小就明白，荣誉就像玩具，它不能真正给世界带来什么，如果将它们看得太重了，就会因名誉所累，最终一事无成。"

梦想启示

当时，一些人并不理解居里夫人，他们认为她在对待镭的问题上过于固执，只要她肯动一下手在专利书上签字，所有的困难不就迎刃而解了吗？

很多年以后，人们在居里夫人的自传中找到了答案："他们所说的并不是没有道理，但我仍相信我们夫妇是对的。人类需要善于实践的人，他们能从自己的工作中得到极大收获，既不忘记大众的福利，又能保护他们的利益。但人类也需要梦想者，需要醉心于事业的大公无私者。"这就是居里夫人对梦想的理解，也从另一个方面反映了梦想所给予人的力量。

爱的力量

施特凡·阿尔丁格是一个有个性的德国少年，高中毕业后，他决心报考化工学院。不过，这不符合有文艺情结的母亲的心愿，她期待儿子考文学系，将来成为一名作家。

母子二人互不相让。最后，阿尔丁格越想越生气，决定离家出走。

然而，在外流浪的日子并不好过。没过两天，手中无钱的阿尔丁格感到茫然失措。第三天，他已饥肠辘辘，饿得直不起腰。阿尔丁格目不转睛地盯着刚出炉的热狗，垂涎欲滴，却又身无分文，他感到了从没有过的无奈。卖热狗的大婶一眼看透了他的心思："孩子，想吃热狗吧？给你两个，吃吧……"

阿尔丁格接过热狗，狼吞虎咽起来，那也是他记忆里吃过的最好的美食。

这时，善良的大婶又从家里端来一杯饮料，递给了正在打嗝的阿尔丁格，说："孩子，喝杯饮料吧！我就住在摊后边的但丁街18号，有什么需要帮助的说一声。你是离家出走吧？"

阿尔丁格只好点头承认，随即委屈的泪水流了下来，说："我同母亲争吵，我想报考化学专业，而母亲非让我学文学专业不可，一赌气我就离家出走了……"

大婶听后，心平气和地说："孩子，我只给了你两个热狗、一杯饮料，你就感动得热泪盈眶；你母亲养育了你十七八年，付出了那么多的情感和关爱，你不但心里没有一点儿感动，反而不辞而别，这样狠心的做法会让她很伤心的。"

听了大婶的劝告，阿尔丁格立刻动身回家，见到母亲后，拥抱着她痛哭了一场。令他没有想到的是：母亲竟然同意了他报考化工学院。

大学毕业那年，阿尔丁格的母亲查出患了肝硬化腹水。他四处求医，医生告诉他，目前全世界大约有160万人患有肝脏疾病，对于他母亲的病情，生存唯一的可能就是采用器官移植。不过，这非常困难：一是很难找到捐献的与患者有亲和力的器官；二是费用非常昂贵。得知此种情况，阿尔丁格跪在医生面前说："我给母亲移半个肝脏吧！"

医生却阻止说："不行，你母亲需要换整个肝脏，一命换一命，这是我们的职责所不允许的！"

母亲临终前，握住儿子的手说："我从医生那里得知，你和你父亲都恳求过他们用自己的肝脏移植给我！孩子，我死而无怨了！希望你能发明一种肝脏透析机，像肾脏做透析那样，也能滤出肝脏中的病毒。"

阿尔丁格泪如泉涌，跪在母亲床前发誓："儿子一定完成您的重托，请母亲放心！"

为实现母亲的遗愿，阿尔丁格随后考入一家医疗设备研究所，刻苦钻研，用化学与物理学相结合的方法，研究肝脏透析机。功夫不负有心人，31岁那年，阿尔丁格同其他几名科学一起研制成功Mars分子吸附循环系统——肝脏透析机。

有一天，在《罗斯托克报》上，阿尔丁格看到一则惊人的《征肝启事》：萨比娜老人患有严重肝病，有献肝脏者及掌握相关信息者，请与但丁街18号联系。

这立刻让阿尔丁格想起了12年前的往事，让他想起了美味的热狗，他驱车前往萨比娜老人的家中。他见到一位静静躺在床上、面色蜡黄的老人，她的女儿叫醒了她："有人看您来了!"

阿尔丁格走上前去，说："老妈妈，您还认识我吗? 我叫阿尔丁格，在我最迷茫、最困难时，您帮助过我! 我愿意给您献出半个肝脏!"

老人坐起来，说："谢谢，这万万使不得! 我听女儿说有人发明了肝脏透析机，可以不换肝脏，你能帮我找到那位先生吗?"

"当然，我就是发明肝脏透析机的人之一，我已经为您请好了医生，现在让我带您去住院治疗吧!"

老人非常惊喜，激动地说："你真是个有心人，天下的大好人啊!"

梦想启示

多年之后，回过头来看过往人生，原来是爱的力量，促使我们一步步向前迈出坚实的人生步伐。

爱，是人生最美的一首歌，从而让有生老病死的人生，有了优美的旋律，有了能够接受并热爱生活的心境。

女管家与总统

实话实说，经济学家葛尔布莱可以过上一段舒心的日子了，因为他雇用了一个很称心的女管家。女管家精明能干，为人诚实，是一个值得信赖的人。

这年秋季，葛尔布莱开始了繁忙的出国讲学。他经常乘坐飞机往来于世界各地，这让他的身体有些吃不消。每次到家，他最想做的事情便是好好睡一觉，来重新调整一下身体。因此，他特意吩咐这位女管家，这段时间在他睡觉的时候，无论谁来电话都不要叫醒他。

一次，在葛尔布莱刚睡下不久，电话铃声急促地响起来了。女管家拿起电话，轻声地问："您是哪一位？"

电话里传来了熟悉的声音，是总统："我是约翰逊，请你帮我叫一下葛尔布莱先生。"

女管家心平气和地说："总统先生，葛尔布莱先生刚从国外讲学归来，十分疲劳，已经入睡了。请您见谅，我现在还不能叫醒他。"

听到这里，约翰逊总统紧皱着眉头，用很严肃地语气说道："我有非常重要的经济政策问题，要同他协商，请您立刻叫醒他吧。"

女管家并没有听从总统的调遣，而是进一步耐心地解释道："我不能这样做，尊敬的总统先生。他非常疲劳，刚才还特意吩咐过我，任何人的来电都不要叫醒他。现在，我是替他工作、为他负责，而不是替您工作、为您负责。不过，请您放心，一旦他醒来，我会第一时间将您打来重要电话的事情，及时转告葛尔布莱先生。事实上，只有在他休息好之后，才能有旺盛的精力同您探讨经济政策问题。尊敬的总统先生，您说对吗？"

女管家一番无懈可击的言论，令总统约翰逊哑口无言，他只好无奈地放下电话。

葛尔布莱一觉醒来，得知总统打来电话一事，便立刻前往白宫。他见到了日理万机的约翰逊总统，并特意向他表达深深的歉意。

令葛尔布莱大感意外的是，约翰逊总统并无责怪之意，反而深有体会地对他的女管家大加赞赏。

原来，约翰逊放下电话后，就仔细分析了这件事情。他认为女管家的做法是完全正确的，因为女管家忠于职守，把雇主的利益放在第一位，这样的人品值得大家尊敬。于是，他向葛尔布莱提出了一个令人大为意外的建议："请转告您的女管家，如果她愿意，我会请她到白宫来工作，这里正需要像她那样的人。"

听到这里，葛尔布莱站起来，不无风趣地说："我不仅再次感受到女管家的忠于职守，更重要的是，我又一次领受到了总统先生的任人唯贤。假如，一旦忠于职守与任人唯贤相遇，那就会出现相得益彰的良性循环。人与人相处，需要忠于职守，也需要任人唯贤，这不仅是人们之间的一种理解和信任，更是一种心胸坦荡的境界啊！"

梦想启示

忠于职守，是一种美德，也是立身处世所需要的一种职业精神。

同样，任人唯贤也是一种美德。任人唯贤，不仅需要伯乐那样的眼光，更需要一种宽广的心胸和情怀。

第三章 境界

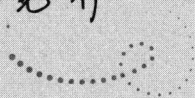

境界有多高，梦想就能够飞多远。

中国文化讲究人生修养，而西方文化讲究的则是绅士风度。事实上，这说的是同一件事，就是如何提高个人境界。

人们渴望成功，渴望成功的事业，成功的人生。那么，成功的基石到底是什么呢？

亚伯拉罕·林肯给出了答案：那就是人生的境界，人生的品质。在成长的道路上，修炼好你的品性吧，让你慢慢成长为一个有境界的人。只有这样，你才能获得自由，才能让放飞的梦想到达成功的彼岸。

一生为公

1904年，**邓颖超**出生在南宁。对于中国人来说，那是一个最痛苦、最屈辱的年代。

刻苦读书的邓颖超，15岁顺利考入天津直隶第一女子师范学校。那时，邓颖超已经怀着一个救国梦，投身革命，与刘清扬、郭隆真等人，组织了天津女界爱国同志会，参与了五四运动。没过多久，邓颖超又同周恩来、马骏、郭隆真等天津学生运动的领导者，共同组织了觉悟社，参与领导天津学生的爱国运动。

1949年，新中国成立了。周恩来总理的侄子周保章，偶尔会去伯伯家。有一次，周保章去伯伯家，当时他并不知道中南海西花厅既是周恩来总理和邓颖超夫妇的居室，同时也是周总理办公的地方。周总理要和一些副总理、部长开会，所以洗手间里放了许多条毛巾，既有公家用品，也有私人用品。

周保章去的时候又忘记带毛巾了。当时，这个年轻人没有多想，反正到他伯伯家了，只用一条，别乱用就行了。

伯母邓颖超发现了，脸色一下子沉下来了，说："保章，你伯伯从来不允许乱动公家的东西。"

当时，伯母的话让周保章有点莫名其妙。他后来才意识到那是公家的东西，不应该乱动。那时的中国正处于困难时期，总理也跟普通老百姓一样要用购物证才能购物。

这时，邓颖超就拿出了总理的购物证，交给了周保章。周保章一看，上面有购买两条毛巾的凭证。于是，周保章便去百货店，买了一条毛巾。

周恩来总理的弟弟周恩寿，由于身体多病，于1963年提前退休。周恩寿有6个子女，这让他家里的经济压力很大，于是周总理和邓颖超就领养了2个孩子，供养其上学。当时，两个孩子平时住校，到了周日时，其他孩子都被家人接走了，这两个孩子却仍留在学校。最后，校方给邓颖超打来电话。忙于工作的邓颖超这时才想起两个孩子，急忙让秘书租一辆人力车将他们接回来。

秘书便到大街上找人力车，找到人力车再去学校接两个孩子。这一个来回，再加上人力车走得慢，两个孩子回到家时已经很晚，肚子早就饿了，他们就问伯母："我们家有两辆车，为什么还要找辆人力车拉我们回来呢？"

邓颖超开导道："孩子们，那两辆车，一辆是国家给你们伯伯办公用的，另一辆是给我办公用的。接你们俩回来，是咱家的私事，怎么可以用公家的东西呢？"

这就是全心全意为人民服务、一生为公的总理夫人——邓颖超。

梦想启示

伟大的无产阶级革命家、政治家，中国妇女运动先驱邓颖超，在她长达70多年的革命生涯中，她一直为中国革命、建设和改革事业毫无保留地奉献了自己的一切。

何为公仆？何为情怀？在这个极美好的小故事当中，伟大是始于朴实无华，也是始于做好点滴小事。

用灵魂跳舞

20世纪50年代末，**杨丽萍**出生在云南大理一个白族人家。杨丽萍在家中排行老大，下面还有3个弟弟妹妹。

那时家境贫寒，从记事起，杨丽萍就要为全家人做饭，照顾弟妹，放学回家后还要采蘑菇、放牛、干农活，在家里基本上就没闲过。到了收获季节，杨丽萍会光着脚丫到处拾麦穗。那一段童年生活，艰苦又充满着欢乐。

白族村寨里的年轻人，差不多每天晚上都会聚在篝火边，以载歌载舞的方式结束一天的生活。在月光皎洁的夜晚，村民们还会跑到河边跳舞唱歌。生长在这样的环境中，杨丽萍很小的时候就喜欢上了跳舞。

有一天傍晚，杨丽萍正要同几个小伙伴一起去跳舞，妈妈拉住了女儿，在女儿手心上画了一只眼睛。然后，妈妈对杨丽萍说："手连着心，手心里的这只眼睛就是心灵的眼睛。你长大了，要学会用心灵的眼睛去看世界……眼前的生活，虽然很艰苦，连双像样的鞋子都没有，但我们拥有青山绿水、星星月亮，上天对我们已经很慷慨了，我们很富有。"

妈妈从小教导杨丽萍，对家乡石洱源县的每一棵小草、每一棵石榴树都要有感情。这让杨丽萍对家乡、对云南有非常深厚的感情。

11岁那年，杨丽萍就跟随西双版纳歌舞团，背着行李走遍了云南各个少数民族的聚居地演出。

当时的演出条件异常艰苦，许多时候他们要肩扛马驮，在崇山峻岭间走几个小时的山路。有一些队友认为这是在受苦，杨丽萍却觉得走村串寨，能够跳舞，那简直是让人享受的生活。那时，她走在路上，看见大象远去，它的粪便还在冒着热气。走路的时候，忽然听见头顶咚咚响，原来是一条青色的毒蛇从树上掉了下来，砸在斗笠上。许多队友抱怨这样颠沛的生活辛苦，受不了就离开了。

心怀舞蹈梦的杨丽萍却乐在其中。她留心观察着身边的每一个自然事物，因而，舞蹈也给予杨丽萍从未有过的生命体悟。她说："有些人的生命是为了传宗接代，有些人是为了享受，有些人是为了体验，有些人是为了旁观。我是生命的旁观者，我来世上，就是看一棵树怎么生长，河水怎么流，白云怎么飘，甘露怎么凝结。"

十年之后，杨丽萍进入了中央民族歌舞团。当时，歌舞团民族舞训练技法对杨丽萍并不适合，因为她是靠对舞蹈艺术的直觉去跳舞。杨丽萍对集体训练表示了拒绝，她坚持按自己的方式练习。这样一来，她受到了不少批评，生活补助费也被取消了。但因舞跳得好，杨丽萍还是得到了不少演出机会。

每天晚上，当别人结束训练之后，杨丽萍依然在独自用功，创作《雀之灵》。结果，独舞《雀之灵》大获成功，让她一举成名。

2003年，杨丽萍总编导并领衔主演的大型原生态歌舞《云南映象》，在昆明成功举办。2009年《云南映象》开始年度世界巡演，让中国艺术第一次进入全球最顶尖的PBS品牌系列"Creat Performance"，辛辛那提市市长特地将演出日命名为"云南映象日"，"云南映象日"就此成为辛辛那提市历史上一个特殊的纪念日。

梦想启示

一曲优美的舞蹈能透露出心灵的气质，能让人的身心前所未有的放松。这些，也可以说是舞蹈的魅力所在。

杨丽萍获得过"中华民族20世纪舞蹈经典作品金奖"、日本大阪国际艺术节"最高表演奖"、凤凰卫视年度"影响世界华人奖"、首届中华艺文奖等。

比起荣誉，杨丽萍更热爱舞蹈艺术本身。

2002年，杨丽萍开始创作《云南映象》，为试水商业演出做准备。

本来，投资方想要一台取悦观众的晚会。那杨丽萍怎么做呢？她从家乡的田间地头招来了一批农民上台表演，这样的做法把投资方吓跑了。

舞蹈是她生命中的灵魂，于是杨丽萍拿出自己全部积蓄，并卖掉在大理的房子，然后走穴、拍广告赚钱。终于熬到首演的日子，结果"非典"疫情突然袭来，使所有准备完毕的演出被迫停止……

历经磨炼，最终雾散云开。

2004年4月10日，《云南映象》在北京保利剧院亮相，拉开了全国巡演的序幕。在长达5年多的时间，《云南映象》在全国各地主要城市巡演，并在海外50多个国家和地区演出。

这就是坚持梦想的结果。

最美的请求

1979年12月8日，是个大喜的日子，该年度诺贝尔和平奖得主、仁爱传教修女会会长**特蕾莎修女**，飞抵挪威首都奥斯陆。

亦像往年所有诺贝尔和平奖获得者一样，诺贝尔和平奖评委会主席萨涅斯先生前往机场迎接。他热情地向特蕾莎修女宣布："国王陛下将在典礼宴会上接见您！"

特蕾莎修女有些迷惑："宴会？"

"是在领奖典礼后举行的盛大宴会，"萨涅斯主席熟练地说道，"将有135名贵宾应邀参加，这之中有国王、总统、总理、政要和名流。"

那一刻，特蕾莎修女陷入了沉思，随后她缓缓问道："这次宴会，需要花费多少钱呢？"

"7000美元。"萨涅斯主席随口答道。

"什么？7000美元！"特蕾莎修女睁大了双眼，无限的惋惜从她那慈悲的目光中流露出来。

随即，她又鼓足了勇气，说："尊敬的主席先生，我有一个请求……请求您……取消这次宴会。"

这次，感到惊异的是萨涅斯主席，他无法相信自己耳朵所听到的一切。诺贝尔和平奖自1901年设立以来，还是第一次有人请求取消典礼宴会。

"取消宴会？"

"是的。我请求主席先生取消这次宴会，把节省下来的钱交给我去救助那些饥寒交迫的穷人吧！"

二人顿时陷入了沉默。萨涅斯先生专注地注视着面前已经69岁的特蕾莎修女。她把自己的一生都奉献给了穷人。即使来参加这次世界级盛典，她穿的仍是那件伴她出入贫民窟的粗布纱丽。要知道，那粗布纱丽是印度平民妇女日常所穿的服装。

特蕾莎修女口袋里没有钱吗？她创建的仁爱传教修女会当时拥有4亿美元的资产，然而她的卧室没有一件现代家电，除了一部与外界联络的电话。她没有自己的办公室，当尊贵的客人来访时，她也只能在走廊里接待他们。

特蕾莎修女首先打破了沉默，不无歉意地说："主席先生，我的请求大概让您为难了吧？"

"不，不！"萨涅斯主席仰起脸，热泪盈眶，他向特蕾莎修女深深地鞠了一躬，真诚地说道，"我亲爱的会长，您的请求深深地感动了我，也感动了世界，我代表世界上所有的穷人和善良人谢谢您了。"

这是世间最美的请求。

回到印度，特蕾莎修女便将她荣获的19万美元奖金，全部捐献给了印度麻风病基金会，7000美元也捐给了穷人。此时的特蕾莎修女，只剩下那块至高荣誉的和平奖章了。当然，这也让她拍卖了，将所得的钱全部捐给了穷人。

这就是特蕾莎修女，这样的举动，也是她一生最好的写照。

1997年9月5日，当这位伟大的女性离开这个世界时，她除了三件换洗的粗布纱丽衣服和一双旧凉鞋之外，一无所有。

美好的故事，需要美好的人格与信念，那里有内心的自由。

梦想启示

美好的信念，总能像阳光一样，照见身心，让人感觉温暖。

这不由让人想起诗人臧克家的诗句："有的人活着，他已经死了；有的人死了，他还活着。"

一份人世间最美的请求，源自于伟大而至朴、至纯的人格；一份人世间最美的请求，源自于美好的心灵所释放出的救赎世间生命的精神力量。

最美的请求，源自于心底里的那份爱。

正是世间有了这样既伟大又美好的人们，我们的世界才有了更多的希望，才有了沐浴在光之中的自由人生。

原则之美

2002年，美国第39任总统**吉米·卡特**获得了诺贝尔和平奖。

事实上，吉米·卡特除了关注和平之外，他还算得上是一位环保人士。1977年8月4日，卡特签署了《能源部组织法》，他说："我们必须从现在开始，发展新的非传统的能源，来减少在下一世纪中对石油的依赖。"

为此，卡特还在白宫屋顶上安装了第一个太阳能热水器，来供应白宫的厨房和洗手间的热水。在1979年6月20日举行的公开的揭幕仪式上，卡特意味深长地说："一代人以后，这个太阳能热水器可能是一件令人好奇的事物，一项博物馆的展品，一条未走下去的道路，也可能是美国人民的一项最大和最激动人心的事业的一小部分……利用太阳的能量，来丰富我们的生活和脱离对外国石油的依赖。"

卡特离开白宫时曾被认为是政绩最差的美国总统之一。自那以后，卡特频繁出访世界各地，倡导和平、民主和人权事业。退休后的卡特甚至拿起自己的锤子，帮助穷人建造经济适用住房。这些，让卡特成为最受尊敬的卸任总统。使人伟大的不是权力，利用权力和影响所做的事，才是伟大的真正标志。

随着年龄的增长，卡特变得更具人格魅力，这令许多人不禁想了解他早年的生活，早年所受到的教育。

卡特读中学的时候，班主任朱莉娅·科尔曼小姐曾经对他的人生产生过重要影响。那时，科尔曼小姐就提醒卡特，除了学习课本知识之外，音乐、美术，特别是文学，对于一个人的未来之路也非常重要。为此，科尔曼小姐还为卡特开列了一个长长的阅读书目。

一天，在课堂上，科尔曼小姐看着讲台下面的学生，启发这群懵懂少年："我们应该随着时代的变迁而调整自我，但是我们信守的原则是不会改变的。"

后来，卡特在自己的人生道路当中，对科尔曼小姐的话又有了更深刻的理解。

从政后的卡特在多个场合讲道，科尔曼小姐当年告诉学生们应该时时分析新情况，然而无论是在选择相守终身的伴侣，还是在艰难时刻，或者遇到诱惑需要做出困难的决定之时，我们不仅要适应这些新的挑战，还应该坚守我们学到的某些基本原则：公平、正直、忠诚。

后来，卡特始终坚守这些基本原则。

在总统就职演说中，卡特就引用了科尔曼小姐的话："随着时代的变迁而调整自我，但是我们信守的原则是不会改变的。"

卡特竞选时的一件趣事也被人们翻出来了。

一天，一个记者来到卡特母亲家，对她说："您的儿子去全国各地搞演讲，并告诉大家如果他曾经对他们撒过谎，就不要选他。您能不能如实地告诉我，您的儿子是不是从来都没有撒过谎？因为在这个世界上再也没有人比您更了解您的儿子了。"

卡特的母亲莉莲·卡特回答说："可能偶尔也撒过一些无恶意的谎吧。"

"那么，无恶意的谎言和其他的谎言又有什么区别？您能不能给我下个定义呢？"记者追问道。

"我不知道能不能下这个定义。"卡特的母亲说，"不过，我能够给你举一个例子。你还记得几分钟之前，当你走进我家时，我对你说你看起来多精神，我多高兴见到你吗？"

听到这里，记者无言以对。

梦想启示

大哲学家康德说："世界上有两件东西能够深深地震撼人们的心灵，一件是我们心中崇高的道德准则，另一件是我们头顶上灿烂的星空。"

原则，就是最优良文化中为我们的生活所修筑的最笔直的道路。有了这些人生应该遵守的原则，你就会发现生活变得有序、和谐，有了优雅的气氛。

假如一个人没有任何原则可言，那他也就是一个没有道德底线的人，这样的人非常可怕。

文化也是一样。文化生活，需要建立至高的原则。

圣诞夜的特殊来客

1944年底，第二次世界大战已近尾声。盟军轮番轰炸德国占领的比利时、奥地利，并开始进攻德国本土。

在靠近比利时边境的德国亚尔丁森林里，有一间小木屋。小木屋里住着60多岁的**汉斯奶奶**。汉斯奶奶的丈夫原是守林人，开战不久被征召到兵工厂做工，后死于一次意外事故。儿子在前线阵亡，儿媳妇死于盟军的空袭，现在只剩下她和孙子科尔曼相依为命。

圣诞夜来临之时，祖孙俩只剩下半袋面粉和地窖里的8个马铃薯，还有一只每天打鸣的公鸡，他们要靠这些食物熬过这个寒冷的冬季。突然，"笃笃笃"，有人敲门，汉斯奶奶慌忙吹熄蜡烛去开门。门外站着两个头戴钢盔的士兵，他们身后还躺着一个大腿上正在流血的士兵。站着的士兵说着她听不懂的语言，同时用手比画着，汉斯奶奶立马知道了站在她面前的是德国的死敌——美国士兵。

美国士兵不懂德语，祖孙俩又不懂英语，幸好汉斯奶奶和受伤的士兵都能讲几句法语，汉斯奶奶见美国士兵伤势很重，不由动了恻隐之心，让他们进了家门。

受伤的美国士兵叫罗杰斯。据他介绍，高个士兵叫托尼，黑人士兵叫哈雷尔。他们是美国第一军的，前天战斗结束后同大部队失散了，在森林里瞎闯了两天。他们饥寒交迫，走投无路，刚好看到这儿有灯光，于是前来求救。

汉斯奶奶吩咐孙子："去把那只大公鸡捉来，还有8个马铃薯。"

正当汉斯奶奶布置餐桌时，又有人前来敲门。这次，门外站着5个德国士兵。

孙子科尔曼吓得浑身发抖，因为窝藏敌军会被当作叛徒处死。汉斯奶奶也很害怕，但她还是强作镇静，迎上前去说："圣诞节快乐！"

"我们找不到部队，能在您这儿休息一夜吗？"带队的下士问道。

"当然。"汉斯奶奶说，"你们还能够吃上一顿热饭。不过，我这里还有3位客人，你们大概不会把他们当朋友。现在，我们要过圣诞夜，不准在这里开枪。"

"是美国大兵吗？"下士有些警觉地问。

"听着，"汉斯奶奶严肃地说，"你们，还有屋子里面的那几个人，你们都可以做我的儿子，今夜，让我以母亲的名义要求你们，忘掉战争，过一个祥和的圣诞夜吧！"

5个德国士兵一时呆住了。下士扭转头，对他的伙伴们摊开手，做了个无可奈何的手势。汉斯奶奶说："话已至此，请进！把枪支放在屋角的柴堆上，该吃饭了。"

德国士兵很听话地将武器放在柴堆上，美国士兵也跟着这样做了。

他们十分紧张地挤在一起，个个面带尴尬的表情。这时，汉斯奶奶气定神闲地说："这下食物不够吃了。科尔曼，你快去地窖拿些面粉上来，孩子们都饿坏了。"

当孙子科尔曼从储藏室拿来面粉时，他发现那个曾在法兰克福医学院学习过的德国士兵正在检查罗杰斯的伤口，说："这位先生伤口没发炎，多亏这天气！不过，他失血太多，需要休息和营养。"不共戴天的仇敌在这一刻仿佛成了一家人。

这种奇特的休战一直持续到第二天早上。汉斯奶奶和孙子用两根木棒和家里仅有的台布制成一副担架，让罗杰斯躺上去，随后把3位客人送到门外。

这时，德国下士走到门外，从包里拿出地图指点美国士兵如何走到自己的防线去，然后握手道别。

汉斯奶奶哽咽着说："孩子们，但愿有一天，你们能平安回到自己的家。上帝保佑你们！"

德国士兵和美国士兵轮番走上来，吻了吻汉斯奶奶的额头，然后朝相反的方向走去，消失在白茫茫的森林里。

梦想启示

歌德在巨著《浮士德》里写道："永恒之女性，引领我们上升。"

在这里，汉斯奶奶无疑是一位伟大的女性，让不共戴天的8个仇敌忘记仇恨，抛弃政治上的信仰，和平地在一起度过了一个平安的圣诞夜。这到底是何种神奇的力量，让敌对双方在残酷的战争间隙给我们留下了一个有着童话般色彩的真实故事呢？

那就是人们对家与亲人、对温暖与温情的渴望。正如汉斯奶奶所说："孩子们，但愿有一天，你们能平安回到自己的家。上帝保佑你们！"

天地之间三尺高

苏格拉底是古希腊的大哲学家。

一天，有人来请教苏格拉底："您看看，天与地之间的高度是多少？"

苏格拉底立马回答："三尺。"

那人笑了，问："您是在开玩笑吧？"

苏格拉底说："这个问题，我回答得十分严肃。三尺，千真万确，就是三尺。"

"可是，我们每个人都有五六尺高啊！"问者认真地说，"这岂不把三尺高的苍穹顶塌了？"

听到此，苏格拉底哈哈大笑，说："所以，只要高度超过三尺的人，只要你想立于天地之间，你就要记住，请低下头来！人们只有记得低头，才可立世。"

美国著名政治家、发明家本杰明·富兰克林有一句话："人，要昂首天下，但也要时时记得低头！"

原来，年轻时，有一次富兰克林去一位长辈家拜访。那时，富兰克林年轻气盛，昂首挺胸，迈着大步，一进长辈家的门，头就狠狠地撞在了门框上，疼得他一边用手揉搓，一边看着比正常标准稍低矮的门。

出来迎接富兰克林的长辈看到他这副样子，笑着说："很痛吧？这将是你今天来拜访我的最大收获。一个人要想平安无事地活在世上，就必须时时刻刻记住'低头'。请记住，这也是我要教你的事情。"

的确，富兰克林把这次拜访看成他最大的收获。富兰克林不仅记住了这句话，而且"记得低头"也成了他的座右铭。

梦想启示

苏格拉底说："你想立于天地之间，就要记住，请低下头来！人们只有记得低头，才可立世。"这是古希腊智慧。

获得哈佛大学荣誉学位的科学家、政治家本杰明·富兰克林说："人，要昂首天下，但也要时时记得低头！"这是美国智慧。

"谦虚使人进步，骄傲使人落后。"这是中国智慧。

所以，我们要想立身处世，就一定要选择正确的生活态度。

一条最美丽的项链

店主无精打采地望着窗外，近日顾客稀少，他在心里盘算着这不太景气的行情究竟出于何种原因。

这时，一个小女孩走了进来，她将整个脸都贴在橱窗上，仔细搜寻，然后出神地盯着一条蓝宝石项链看了很久。

"先生，我想买这条项链送给我姐姐，您能把它包装得漂亮一些吗？"小女孩羞怯地说。

店主疑惑地打量着眼前的小女孩，她有一双清澈的大眼睛，便问道："小姑娘，你有多少钱呢？"

小女孩立即从内衣的口袋里掏出一个手帕，小心翼翼地打开它，然后将十几枚硬币摊在手心上，高兴地说："先生，这些钱够吗？"

看她一脸天真，店主不禁问道："你为什么要送礼物给姐姐呢？"

小女孩回答："今天是姐姐的生日，我一直积攒着钱，梦想着给姐姐买件生日礼物，好给姐姐一个惊喜。自从妈妈去世以后，姐姐就像妈妈一样照顾我，我深信这条项链姐姐一定喜欢。"

店主有些犹豫，但他还是从橱窗内拿出了那条漂亮的蓝宝石项链，小心地将它装在一个精美的小盒子里，并用漂亮的红色包装纸包好，最后在上面系上了一条绿色的丝带。一切完毕，店主对小女孩说："拿去吧，小心点。"

小女孩十分欣喜，活蹦乱跳地带着珍贵的礼物回家了。

这天，即将关闭店门时，一位美丽的姑娘赶过来，她有一双漂亮的蓝眼睛。这位姑娘将打开的礼品盒放在柜台上，问道："先生，这条项链是从您这里卖出的吗？请问这需要多少钱？"

"是的。不过，本店所有商品的价格都是卖主与顾客之间的秘密。"

这位美丽的姑娘有些疑惑地说："我妹妹只有十几枚硬币，这条项链却货真价实，她无论如何也是买不起的。"

店主微笑着接过盒子，重新将它包装好，系上绿色的丝带，再次递给了姑娘。

"你妹妹给出了比任何人都高的价格，她付出了自己拥有的一切。我认为你有资格佩戴这条项链。"店主给出了自己的解释。

梦想启示

说这条蓝宝石项链是这个世界上最美丽的项链，一点也不为过。

因为，它见证了三颗美丽的心灵。

在生活中，如果你发自内心去做某件事情，往往能够事半功倍。美丽的心灵，能够照亮更多人的人生。

等待也会创造美

在河堤的树丛里，从很远的地方爬来了三只毛毛虫。三只毛毛虫经不住对岸的诱惑，那里开满了芳香宜人的鲜花，它们准备渡河。

第一只毛毛虫说："我们务必先找到一座桥，然后从桥上爬过去。这样，我们才能抢在其他毛毛虫的前头，找到含蜜最甜的花朵。"

第二只毛毛虫说："在这荒郊野外的，哪里会有桥呢？我们还不如先造一条小船，从河面漂过去。只有这样，我们才能尽快到达对岸，饱尝花蜜之美。"

第三只毛毛说："我们一路风尘来到这儿，已经走了很多的路了，疲惫不堪，不如静下心来休息两天。到时候，自然会有办法。"

此话刚一出口，另外两只毛毛虫十分诧异，反驳说："休息两天？简直是笑话！难道你没看见，对岸花丛中的蜜都快被喝光了吗？我们一路马不停蹄，风尘仆仆赶到这儿，难道是为了在这儿睡觉？"

两只毛毛虫一边说，一边就开始行动了。其中一只毛毛虫向一棵树爬去，它准备折一片树叶，做成一只小船，让它把自己带过河去。另一只毛毛虫爬到河堤上的一条小路，它要去寻找一座过河的桥。

剩下的那只毛毛虫躺在树荫下一动不动。它想，畅饮花蜜肯定是件舒服的事情，但这儿的习习凉风也让它感觉十分惬意。接着，它钻进一片树林，找到一片宽大的叶子，躺在里面尽情享受那儿的景色。河水流淌的声音如音乐一般动听，月光静静地照在林间，这只毛毛虫很快入睡了。

在睡梦中，毛毛虫感觉到发生了许多有意思的事情。许多个小时过去了，一觉醒来，毛毛虫发现自己竟然变成了一只美丽的蝴蝶。它看着自己的翅膀是那样的美丽，那样的轻盈，只是轻轻扇动了几下，它就飞过了那条河。此时，那儿的花正在盛放，每朵花里都是香甜的蜜汁。

这时，它很想找到自己的两个伙伴，可是，它飞遍所有的花丛都没找到。因为，很不幸，它的一个伙伴累死在找桥的路上，另一个伙伴则被河水冲走了。

梦想启示

古希腊阿波罗神殿的石柱上赫然刻着："认识你自己！"

人生最困难的事情，就是认识自己。有些人一生中犯下重大的错误，源于他不知道自己是谁。

因而，自知之明是最难得的知识。

假若，那两只毛毛虫知道自己是一只蝴蝶的幼虫，它俩还为担心吃不到花蜜而忧虑吗？如果毛毛虫知道自己是蝴蝶的幼虫，就不会那样冒险，不顾一切而丢掉性命。

有时，等待也会创造美，心静如镜，到时再出发。这时，看到的才是幸福的彼岸。

第四章　心灵

心灵，是实现梦想起航的纯正力量。

心灵，是一道最美的人生风景。无论经历多少风雨，最终还是心灵照亮了人们的生活，给予人们幸福。也是心灵的帮助，让人们转变思维，学会站在他人或其他生命的角度，去思考和看待问题。

微软创始人比尔·盖茨曾深有体会地说："在你出生前，你的父母并不像现在这般无趣，他们变成这样是因为忙着应付你的开销，洗你的衣服，听你吹嘘自己有多了不起。所以在你拯救被父母这代人破坏的热带雨林前，先整理一下自己的房间吧。"

心灵，是指引你前进的灯塔。

关注精神生活

曾经，**敬一丹**是"自然之友"环保组织的理事，虽然工作繁忙，但她一直热心公益事业，关注社会底层民生。

有一天，敬一丹途经一个工地，正值午休时间，一群民工靠在墙角晒太阳。他们目光迷茫，无精打采。敬一丹的心被什么东西触动了一下，于是又折回工地。她蹲下来，问一个民工："你们每天中午都是这样过的吗？"

"是啊。"

"晚饭后呢？"

"要么这样待着，要么就去睡觉。"

"看过电影吗？"

"看不起。"

突然，敬一丹感到一阵心酸，追问道："看电视吗？"

"不，没电视。"民工简洁地说。

那些民工，便是一座又一座大都市里的失落群体。他们存在，但被忽略，他们孤立无助，他们的全部生活几乎被重体力劳动占住。

民工们的影子，很长一段时间在敬一丹内心挥之不去。他们有的只是迷茫的现在，而不知未来在哪里。他们现在有的只是体力，承担远在千里之外一个家庭的生活，担负起一个正在梦想成为大学生的孩子的希望，而属于他们自己真正的生活一直是一片空白。

身为一个媒体人，敬一丹认为自己有责任为他们说点什么，做点什么。于是，在敬一丹的付出和努力下，有了这样一个话题："关注民工的精神生活"。

　　这就是敬一丹，她的心里永远都有女性最柔软的那一部分，正如白岩松所说："敬大姐的心很软，即使是批评性的报道，她也是商量性的口吻。"

　　这就是敬一丹，她用平和的心，平和的姿态，平和的语言，悄然走入每一个人的心。

梦想启示

　　终有一天，我们都会审视内心，去关注我们内心当中那最柔软的部分，去体察我们的内心所需要的生活。

　　一个女孩要是有了内心生活，就会变美了。

　　女孩的这种美，与她的容颜无关，这种由内心透露出来的美，是由内而外散发出来的美，所以更持久。

蚊帐天使

2006年4月的一天晚上，5岁的小女孩**凯瑟琳**，正在美国田纳西州家里，无忧无虑地观看电视。突然，她被PBS电视台的纪录片所震撼：

炎炎烈日，高高挂在天上，漫天沙尘挡住了人们的视线。在非洲一个普通村落，枯死的杧果树下，有一座红土堆起来的新坟，一个女孩安葬于此。她两天前死于疟疾，仅有14个月大。

小女孩的父亲悲痛欲绝，他像在诉说，又像在自言自语："女儿发高烧、不停地哭、吐胆汁、全身抽搐……"

原来，PBS电视台所拍的这部纪录片，讲述了非洲一种叫疟疾的病，每年都会夺去80万非洲儿童的生命，平均每30秒钟就有一个孩子因为患疟疾而死去。

小凯瑟琳被此景所震惊，她扳着指头数到30时，就悲伤地朝厨房喊道："妈妈，又有一个非洲小孩死了，我们必须做点什么！"

妈妈很快就在网上查到资料，原来是蚊子传染了此病，有一种泡过杀虫剂的蚊帐，能让孩子入睡时免于被蚊子叮咬。

这让凯瑟琳很疑惑，既然如此，那他们为什么不用蚊帐呢？妈妈解答说，一顶蚊帐要10美元，当地人买不起。

几天后，幼儿园打来一个奇怪的电话，说凯瑟琳这几天没有交午餐费。妈妈这才明白女儿吃晚饭时为什么胃口会如此之好。当天晚上，凯瑟琳一边狼吞虎咽，一边问妈妈："要是我不再吃零食，也不买芭比娃娃和故事书，能买一顶蚊帐吗？"

妈妈如梦初醒，第二天放学后，她直接带女儿去了超市，在那里买了一顶最大的蚊帐，然后寄给了"只要蚊帐协会"（Nothing But Nets）。

一周之后，纽约"只要蚊帐协会"总部，给凯瑟琳寄来了一封回信："你是我们组织中年龄最小的捐赠者！捐赠蚊帐超过10顶，还可以获得一张捐赠证书……"

看完信之后，凯瑟琳对妈妈说："我只捐了一顶蚊帐，这30秒没有孩子死去，但下一个30秒，还会有人死去！"

妈妈也被感动了，说："那我们一起来募捐更多蚊帐吧！"

母女联手，每个周末都去社区儿童市场，出售自己的旧货和手工制品，并在摊位前挂起"你买东西，我捐蚊帐"的标语。每遇到一个路人，凯瑟琳都耐心地向对方讲疟疾给非洲孩子带来的灾难。然而，很少有人愿意买她们的东西。

爱动脑筋的小凯瑟琳，很快想起了"只要蚊帐协会"说要给捐赠者颁发证书的事。她从这件事情中得到启发，发动全家人一起制作证书，就连弟弟也在证书上写上："一顶蚊帐以您的名义买下了！"

果然，人们喜欢他们的证书，没过多久，有更多孩子加入到凯瑟琳的制作小组。这些既当设计师也当推销员的孩子，被人们亲切地称为"凯瑟琳的队员"。

这年8月，凯瑟琳同伙伴们最终凑齐了100美元，可以购买10顶蚊帐，当她把钱汇出后，很快收到"只要蚊帐协会"颁发的特别荣誉证书："感谢您的10顶蚊帐——'蚊帐大使'凯瑟琳。"同时，她还收到协会工作人员乔治先生的信："亲爱的'蚊帐大使'凯瑟琳，很高兴地通知你，你的蚊帐将被送到非洲加纳的斯蒂卡村庄，那里常年干旱，有550户人家……"

凯瑟琳又有了心思，她只捐了11顶蚊帐，可斯蒂卡村庄有550户人家，其他孩子怎么办呢？

于是，凯瑟琳请妈妈转告乔治先生，她会尽快帮助斯蒂卡村庄凑够蚊帐！

圣诞节即将来临，社区的牧师来到凯瑟琳家。牧师想请这个5岁的小女孩去教堂讲蚊帐的故事。

圣诞节当天，凯瑟琳带领全家，在教堂里表演了3分钟舞台剧，让在场的所有人明白了一件事情，蚊帐能够挽救非洲孩子的生命。大家纷纷捐款，其中有一个小男孩含泪对凯瑟琳说："我想救5个小朋友，不过我带的钱不够，你愿意去我家取吗？"

那天，凯瑟琳开心至极，人们捐了800多美元。后来，经常有人邀请凯瑟琳去给大家讲蚊帐能救人的故事。很快，凯瑟琳的故事在网络上传开了。当人们知道一个5岁的小女孩竟然有超越年龄和种族的爱心时，无不为之动容。于是，在世界范围内，掀起了一场为非洲捐蚊帐的热潮。

2007年6月8日，是个幸福的日子。凯瑟琳收到一封来自非洲加纳斯蒂卡村庄的来信！村里的孩子们在信中写道："感谢你给我们的蚊帐！'只要蚊帐协会'的叔叔还给我们看了你的照片，你很美……"

瞬间，一股暖流穿过凯瑟琳心间。她也有了一个远大的目标——向美国福布斯排行榜上每一个富豪都寄去一张证书，期待他们能为非洲的小朋友捐款。

在给比尔·盖茨的证书上，小凯瑟琳写道："亲爱的比尔·盖茨先生：没有蚊帐，非洲的孩子们就会因为疟疾而死去，他们需要钱，可是钱在您那儿……"

最终，比尔与梅林达·盖茨基金会为"只要蚊帐协会"捐助了300万美元。

小凯瑟琳终于有机会，于2008年7月踏上了非洲的土地。她去加纳参加一部名叫《孩子救了孩子》的公益纪录片的拍摄。在这次难得的经历中，凯瑟琳最终见到了非洲斯蒂卡村庄的孩子们。

从那以后，人们便把这个非洲村落亲切地称为"凯瑟琳蚊帐村"。

梦想启示

美丽心灵，是从最初那一闪现的善意开始的；美丽梦想，是从我们对生活有了新的认识开始的。

善意和良知，会给我们的人生带来方向，也会形成我们的梦想，从而让我们勇往直前。只管去做，就会充实内心，就会让小小的我们，进而变得强大起来。

梦想，是人生的翅膀，而善良给予我们悲悯之心，最终让我们的人生拥有坚实的意义。

被宽容的错误

这是一个真实的故事。

1954年岁末，12岁的**杰克**利用课外时间给附近的邻居送报纸，以他的劳动为自己赚取零用钱。

一个阳光灿烂的午后，杰克同一个伙伴躲在一位老夫人后院，朝她的房顶扔石头。他们觉得这样很好玩，注视着石头像炮弹一样飞上去，又像彗星一样从天而降，并发出激情的响声。他们就这样一直开心地玩着。

杰克又拾起了一块石头，大概是那块石头太滑，当他掷出去时，一不留心，石头偏离了方向，径直飞向老夫人后廊的一面窗户上。"哐当"一声，玻璃碎了，伙伴拉着杰克像兔子一样，从后院落荒而逃。

那天晚上，杰克一夜未眠，一想到把老夫人家的玻璃打碎就害怕，他担心会被她发现。几天时间过去了，一点异常也没有。杰克确信没事了，不过，他内心的负罪感与日俱增。每天，他依然给老夫人送报纸，老夫人依然像往日一样面带和蔼的微笑，这让杰克感到更加不安。

这时，杰克有了一个决定——把送报纸的钱攒下来，给老夫人修理窗户。3个星期之后，杰克终于积攒了7美元，他计算过这些钱足够修理那扇窗户。

一直等到天黑，杰克才小心翼翼地来到老夫人家，把一封信投到门口的信箱里。杰克在这封信里写了一张便条，把7美元和这张便条放在了信封里。在那张便条上，杰克向老夫人解释了事情的前前后后，并表达了自己的歉意，期待能得到她的谅解。

杰克长长地叹了一口气，他感觉到自己的灵魂有一种赎罪后的解脱，觉得自己能够正视老夫人的眼睛了。

第二天，杰克又去给老夫人送报纸，这次他十分坦然地对老夫人说："您好，夫人!"

老夫人看起来十分愉快，高兴地说："谢谢!"

随后，老夫人递给杰克一样东西，她说："这是我给你的礼物。"

原来是一袋饼干。饼干口感很好，杰克吃了很多块之后，忽然发现袋子里有一个信封。杰克小心翼翼地将信封打开，发现里面装了7美元和一张彩色信笺。信笺上写着一行很大的字："诚实的孩子，我为你感到骄傲。"

梦想启示

古人云：人谁无过？过而能改，善莫大焉。意思是说，平常人谁能不犯错？错了能够改正，没有比这更好的了。

古人又云：浪子回头金不换。意思是说，不走正道的人，改邪归正后极其可贵。

古希腊哲言：认识你自己。

认识自己的心灵，在迷途中找到回家的路，在迈向深渊的那一刻收回脚步，才能让自己的心灵在即将蒙上污垢的瞬间让它重变清澈。这是内心的一种发现与转变，这也是成长。

请问问海龟的意愿

说起**格劳瑞亚·斯代奈姆**，许多人并不陌生，她是美国著名作家和女权运动领袖。

她在学习一门重要的政治课程时，需要进行一次地质学的田野考察。在这次考察中，格劳瑞亚经历了让她尴尬而永远记忆犹新的一件事情。

格劳瑞亚走在地质学田野考察的队伍中，其他成员都忽略了康涅狄格河，她看到一只巨大的海龟从河里爬了出来，爬上了泥泞的道路，爬向堆满泥浆的堤坝。在爬行的过程中，看起来它随时会被飞驰的汽车压得稀烂。

出于一种同情心，她用力拖拉着这只巨大而沉重的海龟。但是这头海龟并不领情，它愤怒地怒视着她，直到格劳瑞亚将它推下堤坝。

就在海龟被推下堤坝的那一刻，格劳瑞亚的地质学教授赶过来了，对她说："你知道吗？这只海龟花了差不多一个月的时间才爬到这里。在这条泥泞的路上，它会将蛋产在路边的泥浆中，而你却把它推回河里。"

听到地质学教授的话，格劳瑞亚感到十分尴尬。早先她还认为："我从事地质学研究，是因为我觉得在各种自然科学中，地质学是最缺乏科学性的。"

现在看来，她是错的。

在以后的生活中，格劳瑞亚认识到，那次经历是她所学过的最重要的一堂人生课。她说："每当我有了一种自作主张的冲动时，这件事就会告诫我：去问问海龟的意愿吧。"

梦想启示

愿望和结果，好意与对方的需要，这是在成长过程中需要我们好好去把握的一件事情。

"去问问海龟的意愿吧。"

这不仅是作家和女权运动领袖格劳瑞亚·斯代奈姆一堂最重要的人生课，也是我们一堂重要的人生课。因为，这不仅能帮助我们懂得爱惜，还能帮助我们懂得尊重。

谦让的人

经济危机爆发后，美国纽约有一位富裕的面包师，将他所在的社区里最贫穷的20个小孩召集过来，对他们说："孩子们，这个篮子里的面包，在上帝带来好境况前，你们每天都可以过来，拿走一个属于自己的面包。"

每天清晨，这些饥饿难耐的孩子蜂拥而至，围在放有面包的篮子前推推揉揉，毫无秩序可言，因为每一个孩子都想拿到篮子里最大的那个面包。拿到面包后，他们往往忘记了向面包师说声谢谢就匆忙跑开了。

不过，有一个名叫**格琳妮**的小姑娘是个例外。她衣着寒酸，但她既没有同孩子们一起吵闹，也没有和其他人争抢最大的面包。每一次，她都谦让地站在一步开外，等所有孩子离开后，她才伸手拿起篮子里剩下的那个最小的面包。

每一次，格琳妮离开时，她都亲吻面包师的手，以表示感激之情，然后捧着面包蹦蹦跳跳地回家。

有一天，其他孩子抢到面包都走完之后，羞怯的小格琳妮只得到一条比头一天要小一半的面包。格琳妮依然不忘亲吻面包师的手，向他表达真诚的谢意。回家以后，妈妈切开了那条面包，惊奇地发现里面竟然藏着多枚发亮的银币。

妈妈立刻喊道："孩子，现在就把钱送回去，一定是那位面包师揉面的时候，一不留神揉进去的。赶紧回去，将钱交给好心的面包师。"

当格琳妮小心翼翼地把银币送回去的时候，面包师却语重心长地说："不，我的孩子，这是我特意把银币放进小面包里的，我要奖励你。谦让的人，上帝会给予她幸福。愿你永远保持一颗平静、感恩的心！"

梦想启示

谦让是什么？谦让，是一种美德；谦让，是一种修养；谦让，更是一种人生的境界。拥有一颗谦让的心，是多么难能可贵。

无论你是一个性情中人，还是沉着冷静的人，都要拥有一颗感恩的心。是感恩之心，让人领悟生活的可贵；是感恩之心，让人对生活充满珍惜之情。

谦让、感恩的人更易于在生活中获得平静的心境。

永远的天使

身为好莱坞最著名的女星之一，**奥黛丽·赫本**容貌清秀，不艳俗。她的身材苗条修长，气质永远那样高雅纯洁。1954年，凭借影片《罗马假日》，赫本获得奥斯卡金像奖最佳女主角，并被世人称为"人间天使"。

以优雅的气质和有品位的穿着著称的赫本，有一项非常有趣的记录：她从没看过心理医生。

正因为如此，这不仅引起了无数影迷的兴趣，而且让心理学家着迷。

心理学家史塔勒医生，时常在深更半夜接到一些著名主持人或者影视明星的电话。他们要在史塔勒医生那儿获得心理上的帮助。身为心理学家，史塔勒对绝大多人的心理问题都能很顺利地解决，不过有些人让他无计可施。这些人都是些著名的成功人士，他们衣食无忧，到处都是将他们捧在手心的粉丝，这让他们看上去简直就是上帝的宠儿。

处于迷惑中的史塔勒医生，当他获知赫本的这项记录之后，感觉自己似乎在黑暗中看见了一抹曙光。

史塔勒心想，他可能会从赫本那儿找到突破点。于是，他去图书馆查阅20世纪60年代的报纸，找出所有关于赫本的报道。

最后，史塔勒发现，赫本区别于其他影星的除了那项非常有趣的记录之外，她还有其他的一些特别经历。例如，赫本曾经息影长达8年之久，在她之前，好莱坞的历史上还未曾有过这样的先例。因为那种损失将非常重大，且不被大众所理解。

另外，史塔勒医生还惊奇地发现，赫本曾做过67次亲善大使，其中在

1956年至1963年间，赫本几乎每月都去监狱、黑人社区、码头做义工。其中，有一篇报道这样写道：赫本谢绝了贝尔公司每小时高达5万美元报酬的庆典邀请，因为，这与她去一家医院给一名小男孩做护理服务的时间相冲突。

这样看来，赫本的生活当中还有一大特点，那就是乐于做无报酬的慈善工作。

心理学家史塔勒认为，这一发现具有决定性意义，因为这里面肯定蕴藏着心理学方面的某种东西。为了进一步得到一个更圆满的答案，史塔勒决定扩大调查范围，对其他乐于公益事业的名人、富翁进行研究。最后的调查结果显示，这些名人、富翁很少有怪癖，也很少有其他不良记录，他们同"人间天使"赫本一样，几乎没看过心理医生。

这启发了史塔勒医生，每当深更半夜，当他再接到那些著名主持人或者影视明星的求助电话时，他便将自己的研究成果告知他们。当许多人接受过医疗或忠告之后，一扫过去的阴霾，改变了生活态度，变得乐观起来。有一段时间，好莱坞的明星们争着去非洲的索马里，去科索沃的难民营，因而掀起了一个争当联合国大使的热潮。

这些明星在他们的慈善活动中发现，原来世界上还存在着这样一条公理："当一个人的劳动，没有得到金钱和物质上的回报时，必定可以得到等值的精神愉悦。"

晚年的奥黛丽·赫本，全身心投入慈善事业，成为联合国儿童基金会亲善大使的代表人物。作为亲善大使，赫本经常举办音乐会和募捐慰问活动，造访贫穷地区儿童，足迹遍及亚非拉许多国家。1992年，赫本被授予美国"总统自由勋章"，1993年获奥斯卡人道主义奖。

赫本生前主演的多部电影，如《罗马假日》《蒂凡尼的早餐》《窈窕淑女》

等，直到今天，仍然是无数影迷心目中的经典。1999年，赫本被美国电影学会评为"百年来最伟大的女演员"。

梦想启示

"当一个人的劳动，没有得到金钱和物质上的回报时，必定可以得到等值的精神愉悦。"

从另一种意义上说，当一个人的生活并不是那样依赖物质时，他将更容易获得内心的自由和精神上的欢乐，因为他有更多可选择的人生之路，有更多的能力为社会做贡献。

一枚丢失的戒指

5年前，**莫西卡**的父亲病逝，母亲失业在家。如今又正值经济大萧条时期，差不多每一个工作岗位，都有近百个失业者去竞争。

19岁的莫西卡算是撞到大运了，她找到了一份珠宝行售货员的工作。这份工作对于莫西卡来说，显得尤为重要，因为这是一家人唯一的指望。这得感谢一个人，那就是好友凯迪。他是这家珠宝行的点货员，是他向老板郑重推荐了莫西卡，她才获得了这个宝贵的机会。

在珠宝行一楼，莫西卡十分卖力地工作。第一周，她就得到了领班的表扬。第二周，莫西卡被破例调往楼上工作。因为珠宝行的二楼处在商场心脏地带，那里是专营珍宝和高级饰物的地方。整个二层楼都被气派的展品橱窗占住，另外还有两间专门供贵客挑选珠宝的小房子。莫西卡的职责是管理商品，并在经理办公室外接听电话。她为人热情、敏捷，完全能够胜任这份工作。

圣诞节临近了，那是珠宝行业务最好的日子。那天，莫西卡冒着大雨赶到商店，所有店员都在忙着手头的工作。没过多久，小屋子里打来电话让送货过去，莫西卡连忙去橱窗的最里边取珠宝。当她迅速向外挪动时，一不小心衣袖碰掉了一个碟子，里面存放的5枚漂亮的戒指全都滚落到地上，随着清脆的声音滚落在各处。

这引起了经理的注意。他赶了过来，不过并没有发火，而是对她说："赶快拾起来吧，重新放回碟子里。"

莫西卡的心怦怦直跳，在慌乱之中，她以最快的速度捡回了4枚戒指，然而第5枚戒指却怎么也不肯现身。她仔细搜寻了橱窗的每一个角落，还是没有见到。莫西卡伤心地哭了，她知道找不到那枚戒指意味着什么。发生戒指跌落的事是很糟糕的，但终归没有什么损失，假若丢掉了1枚，那将会带来可怕的后果。穿行于店里的顾客，让她彻底失去了找到那枚戒指的信心。她呆坐在地上，一想到母亲，便痛哭流涕起来，一家人的生活会就这样毁了。

当天，莫西卡离开了珠宝行。一个人在大街上像一个游魂，漫无目的地走着。第二天，凯迪来到莫西卡的家，对她说："那枚戒指找到了，它夹在橱窗的缝隙里了，老板说你现在可以回去上班了。"

莫西卡大感意外，她根本无法相信自己的耳朵。再次上班，她更加谨慎，也因此时常得到主管和经理的表扬。凯迪的工作是接货送货，平时在一楼。以前，她上班时和凯迪来往不多，只有到了下班时间才在一起说一会儿话。莫西卡再次上班后就几乎看不到凯迪了。因为他对莫西卡说，他每天需要提前下班，回去照顾母亲。莫西卡知道，他是一个非常善良的人，他所说的话肯定是真的，因此也就没有往深处想。

这一年的工作就要结束了，珠宝行进行年末大盘点的前一天，老板给员工发工资。那天，凯迪并没有到珠宝行上班。一年来，凯迪变得越来越忙碌，也变得愈加消瘦。作为朋友，莫西卡拿到薪水后买了一份礼物，在没通知凯迪的情况下去了他的家。

当时，凯迪不在家，莫西卡便向凯迪的父母，介绍说自己是凯迪的朋友。这时，凯迪的母亲显得很悲伤，向她倾诉道："这一年来，凯迪从来就没有休息过，我很心疼他，然而没有任何办法。他说自己的同事弄丢了一枚戒指，如果不对她伸出援助之手，她的人生还有她的家就要毁了。他便同老板私下签了协议，戒指由他来赔偿。你看我们这个家，只有他那点薪水，还要养活一家人，是赔不起的。他只好在下班之后，又去另一家小店打工。"

听到这里，莫西卡早已泪流满面。

第二天，珠宝行要进行大盘点，各种展柜都会重新布置。莫西卡最早来到珠宝行，她要当面向凯迪和老板问明这件事情。然而，凯迪和老板并没有准时上班，莫西卡独自站在她负责的展位旁，想到一年前的那个情景，眼睛就湿润了。

莫西卡小心翼翼地挪动她负责的那个展柜，没过一会儿，一声清脆的响声令她浑身颤抖，这声音不就是一年前戒指撞击地板时发出的声音吗？莫西卡连忙趴到地板上，寻觅着那个声音。突然，一枚亮晶晶的戒指立在两块展柜之间的缝隙里。莫西卡的全身都在颤抖，她兴奋地用双手捧起那枚戒指，大声喊道："我找到那枚戒指了，我找到那枚戒指了！"

她一边哭叫着，一边往楼下跑，当时整个珠宝行的人都被这一情景惊呆了。这时，凯迪已经在楼下，两人相拥而泣，很久都没能说出话来。

当天晚上，带着一颗虔诚的心，莫西卡去祭拜父亲。当她跪在父亲墓碑前时，脑海中浮现出了父亲临终前的遗言："孩子，在这个世界上不管遇到怎样的困境，你都要相信，大多数的人都有一颗善良之心。你要做一个好人，好好活下去，并懂得回报他人……"

梦想启示

无论任何时候，无论身处何境，相信生活、相信梦想的人，远比怀疑生活、怀疑梦想的人，最后得到的会多得多。

因为，相信生活，相信梦想，就是对自己的相信与承认；相信生活之中大多数的人都有一颗善良之心，就是对自己善良之心的肯定。

这些，会使我们将一颗珍贵的童心保持得更长久。

宽容的力量

一天中午，**普鲁特太太**回家，当她走到客厅时，从楼上的卧室传来了轻微的阿马提小提琴的声音。这声音她太熟悉了，因为她是一所大学的音乐教师。阿马提小提琴出自意大利著名制琴师之手，是许多小提琴演奏者梦寐以求的宝贝，自然也是她的最爱。

"有小偷！"普鲁特太太很快想到了，于是她冲上楼，一个大约11岁的陌生少年出现在眼前，他正在卧室拨弄小提琴。少年蓬头垢面，脸庞消瘦，宽大的外套完全可以装下他的两个身体，毋庸置疑，他是一个小偷。

普鲁特太太挡在门口，此时的少年眼里布满了胆怯、惊慌和绝望，那是一看就让人明白的眼神。瞬间，普鲁特太太想起了一些往事，顿时微笑替代了愤怒，她随意说道："听说你是普鲁特先生的外甥，我是他的管家。几天前，普鲁特先生还提起你，说你要来，没想到你这么快就到了。"

少年先是一愣，但很快机敏地说："是的，舅舅出门了吗？我想出去溜达一会儿，然后再回来。"

普鲁特太太连连点头，正当那位少年放下小提琴时，她又关心地问道："你也喜欢拉小提琴吗？"

少年回答："喜欢拉，但拉得不好。"

"那你为何不拿着小提琴出去练习一下呢？"普鲁特太太心平气和地说，"我想普鲁特先生一定很喜欢听到你的琴声。"

少年疑惑地看了一眼普鲁特太太，随后迟疑地拿起了那把小提琴。

经过客厅时，少年忽然抬头瞧见了墙上挂着的普鲁特全家的巨幅照片，他的身体不由得猛抖了一下，就头也不回地跑离了这栋房屋。

他完全明白过来了，没有哪一位主人会把管家放进全家福照片当中，并把这幅照片挂在客厅，这位女士是这个家的主人！

黄昏时分，普鲁特先生回到家中，他立即察觉到了异常，开口道："亲爱的，你心爱的小提琴坏了吗？"

"不，没有，我将它赠送给别人了。"普鲁特太太缓慢地说。

"送人？"普鲁特先生根本不相信自己的耳朵，"那怎么可能呢，你一直把它当成你生命当中不可或缺的一部分！"

"亲爱的，你说得没错。但是，如果能够拿它去拯救一个迷途的灵魂，我甘愿这样做。"普鲁特太太坚定地说。

随后，她看着一头雾水的丈夫，就将当天经历过的事情向他讲述了一遍，然后反问道："亲爱的，你觉得这么做不值得吗？"

"值得，希望你的善行真的能对这个可怜的孩子有所帮助。"普鲁特先生说。

5年之后，普鲁特太太应邀担任了一次音乐大赛的决赛评委。在这次比赛当中，一个名叫里特的小提琴选手凭借出众的实力夺得了第一名。评判时，普鲁特太太一直觉得眼前这个十六七岁的少年似曾相识，但一时想不起在什么地方见过。

颁奖大会结束后，里特抱着小提琴匣子气喘吁吁地跑到普鲁特太太的面前，红着脸对她说："太太，您还认识我吗？"

普鲁特太太摇头说："不认识。"

"尊敬的普鲁特太太，您曾送给我一把小提琴，我一直珍藏着它，直到今天！"此时，里特已经热泪盈眶，"那个时候，差不多所有人都把我当成垃圾，我也认为自己彻底完蛋了，但您让我在贫穷的处境和苦难的岁月当中重新找回了自尊，让我的心再次燃起了走出逆境的熊熊烈火！今天，我可以无愧地将这把小提琴物归原主了。"

里特含泪打开了琴匣，普鲁特太太一眼看见了自己再熟悉不过的那把阿马提小提琴，它正安静地躺在琴匣里。

普鲁特太太走上前去，紧紧地搂住了里特，5年前的那一幕刹那间浮现在她的眼前。原来，里特就是"普鲁特先生的外甥"！

普鲁特太太感到很欣慰，眼睛湿润了，少年没有让她失望。

梦想启示

大作家罗曼·罗兰有句名言："陆地上最广阔的是海洋，比海洋还广阔的是天空，比天空更广阔的是人的胸怀。"

对于那些善良和充满怜悯的人来说，宽容是他们人生的一张名片，宽广的胸怀是他们行走在这个世上的标志，他们走到哪里，哪里就会有光和爱。

心需要落点

冬季，如果有人在皑皑雪地上行走半天以上的时间，就有患雪盲症的危险。

因此，雪地行军是件非常危险的事情。它极易使士兵患上雪盲症，以致迷失行进的方向。一直以来，人们对此事相当费解，若仅仅是因为雪反射的太阳光太刺眼，为什么戴上墨镜之后雪盲症仍不可避免呢？

20世纪80年代，有关研究成果才揭开此谜底。原来雪盲症并不是因为雪地强烈反光所致，而是因为雪地上空无一物的视野所造成。研究表明，人的眼睛需要从一个落点到另一个落点之间不断转换。如果眼睛在一定的空间里寻找不到一个可以参照的落点，就会因为焦虑、疲劳和迷茫而失明。

事实表明，人的眼睛总是要看到些什么才会感到适应。

美国陆军对付雪盲症的办法是，派先驱部队摇落常青灌木上的雪。这样，一望无垠的白雪中，便会出现一丛丛、一簇簇的绿色景物，搜索的目光便有了落点。所有的眼睛都在搜索世界，搜索世界的眼睛不怕光怪陆离，却怕空空一片。

其实，人的心和眼睛一样，也需要不断地有落点。许多人在命运的转换中之所以会感到焦虑与不适，皆是因为内心的空虚和茫然，失去目标所致。

所以，不断地感受你内心的声音，尝试有心灵的生活，会让你离幸福更近。

梦想启示

如果一个人搜索不到友谊、亲情的落点，他很可能对所有的人都充满敌意；如果一个人搜索不到诚信的落点，他很可能因被骗过一次、两次而怀疑整个世界；如果一个人搜索不到真诚的落点，他会对生活失去信心。

一颗心，需要一个梦想，将某个目标挂在上面，才会不知疲倦地运转。

一颗心，有了梦想，为美好的事物奋斗着，才会感到幸福。

拆除内心的围墙

身为当地有名的大富翁，**米契尔**的别墅自然也非常漂亮。别墅被一大片美丽的花园包围着。在享受富裕生活的同时，米契尔也有一个令他头痛的难题：如此之多的财富，肯定有很多人在打他的主意。

如何防患于未然呢？最后，米契尔想出了一个办法：他让仆人们在房子四周筑起一堵高高的围墙。

每当春风来临，花园里群花盛放，阵阵香气越墙而来，全镇的人们都为之心动。终于，经不住诱惑的孩子开始猜想：院内一定布满奇花异草，听大人说里面还有一种长着大眼睛的花呢，能给孩子唱儿歌。这激起了几个孩子的好奇心，决定前往探个究竟。

趁着朦胧的月光，几个孩子搭起人梯跳入院中。他们小心地在花丛中找呀找呀，踏坏了很多鲜花和草地。后来，孩子们被仆人发现，被赶出了院子。

对此，米契尔十分生气。在一次宴会上，他将这件事情告诉了一位朋友。

朋友听后，微笑着说："你为何不把围墙拆了呢？"

米契尔十分惊讶："拆了？那样会让我丢失不少财产的！"

朋友开导道："你看，有围墙又怎样呢？连几个孩子都挡不住，还能指望这围墙去防患身手敏捷的江洋大盗吗？"

米契尔听后，怔在那儿好一会儿。他终于看清了事实，于是拆掉了那堵围墙。最先冲进花园的是一群孩子，他们在花园里里外外寻找自己心中的神花，结果什么也没有找出来，因为根本没有那种奇花异草。

米契尔乐呵呵地把这群孩子请到客厅，让他们品尝美味的点心，然后对孩子们说："现在，你们可以在花园中种下你们心中的神花了！"

孩子们听后十分高兴，活蹦乱跳地跑到花园里去了。

米契尔拆掉花园的围墙后，全镇的人都对他示以敬意。因为全镇的人可以随时欣赏到他美丽的花园。

一天，一伙盗匪闯入米契尔的家，准备洗劫他家的财物。刚刚闯进花园不久，就被守护花园的孩子们发现了。小杰克跑到别墅向主人报告情况，而小詹逊跑到镇上通知大人们。那些盗匪被及时赶到的人们抓住，扭送到警察局去了。

在庆功宴上，米契尔对所有来宾说："我要感谢大家，你们使我懂得了一个伟大的道理：在这个世界上，只有敞开的花园才是最美丽的，也是最安全的。"

米契尔话音未落，底下已经响起了一片热烈的掌声。

梦想启示

拆除内心深处的那一堵围墙，你将会发现世间许多曾被这堵围墙挡在视线之外的风景。

一个人想尽办法靠自己的力量去保护自己，往往事与愿违，因为个人的力量极其有限。一个人只有敞开心扉，对他人关爱有加，才会赢得他人的帮助和保护，这才是世间最牢不可破的围墙。

第五章 觉悟

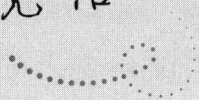

觉悟，为梦想的实现提供原动力。

哈佛校训：不要把今天的事，拖到明天去做。

有一次，一名年轻人与科学家、政治家本杰明·富兰克林通信求教，约好了见面时间和地点。年轻人如约而至，富兰克林的房间一片狼藉，年轻人很意外。没等年轻人开口，本杰明就招呼道："你看我这房间，太不整洁了，请你在门外等候一分钟，我收拾一下，你再进来吧。"

一分钟后，富兰克林让年轻人进客厅。这时，房间内的一切已变得井然有序，而且有两杯倒好的红酒，散发出淡淡的香气。

原来，一分钟的时间可以做许多事情。

走出交易的泥潭

那一年，**珍妮**正上五年级。每天中午，那些离家远或者没办法直接回家的学生，就会围坐在校园的树荫下吃自家带来的用纸包裹的食物。

平时，午餐包括一份三明治、一个煮鸡蛋，外加泡菜、小甜饼和一片水果。同学之间也时而交换各自的食物。珍妮总会想办法用自己不太满意的食品，例如熟过头的香蕉，或者豆泥三明治，去同他人交换，而从不会用一块妈妈精心特制的核桃仁蛋糕去交换那些看上去就让人腻烦的蜜糖饼干。即使珍妮看见对方闪闪发光的渴望的眼睛。

偶尔，妈妈会在珍妮的午餐包里放上两片水果，而不是平时的一片。如果上午珍妮饿了，她通常会在课间休息时吃掉一片。不过，更多的时候她会把这省下来，然后用来换甜面包圈或者煎苹果馅饼等。

每一次与同学交换食物，珍妮总会当着同学的面，仔细查看哪一片水果更好、更可口，然后把那块不怎么好、不起眼的送给她的同学。珍妮对此事并不在意，她认为这样做才算得上是划算的交换。

秋日的一天，所有自带午餐的同学吃完各自的食物之后，便在运动场上散开活动去了。

珍妮一直待在树荫下，懒散地看着一群帝王蝶翩翩南飞。她还是感到有点饿，因为当天妈妈没有在午餐里放水果。

这时，斯特娜·唐宁从一条小径上走了过来。她是少数离家近、可以回家吃午餐的幸运儿。

刚从家里回来的斯特娜，黑色卷发在阳光下熠熠生辉，美丽的眼睛在蓝色裙子的映衬下更加明亮动人。当斯特娜走近时，珍妮十分清楚地看到，她两手各握着一只红苹果。

斯特娜也发现了珍妮的兴趣，便友好地问道："你想吃一个吗？"

"是的。"珍妮坦白地说。

"不过，我已吃过午饭了。"珍妮又补充道，这是在暗示，她已经没有任何东西可以同斯特娜交换了。

斯特娜将两只苹果拿到眼前，上下打量了一番，如同珍妮打量交换时的水果一样。显然，一只苹果饱满圆润，又红又亮，一切都完好无缺；而另一只呢，则要小一些，果皮有些干巴，甚至有一边凹下去了。

片刻之后，斯特娜将那只完好的苹果递给了珍妮。

珍妮手捧着苹果没有动，她在等待对方纠正自己的错误。然而，斯特娜拿起自己手中的苹果吃了起来。于是，珍妮也开始吃自己手里的苹果，她一边吃，一边用疑惑却又难以掩饰的欣赏目光看了斯特娜几眼。

同许多同学相比，珍妮同斯特娜并没有特别深的交情。这时，珍妮才意识到，她对待别的人肯定也是这样慷慨。显然，她的举动完全是她天性的流露。

珍妮怀着对斯特娜的敬佩之情，还有对自己交易逻辑的无比羞愧之心，吃完了那只苹果，然后，吞吞吐吐地向斯特娜说了一声谢谢。

许多年之后，珍妮依然回想着当年的那件事情，她会再一次致谢那一决定性的时刻，它促使她重新审视自己的那些所谓划算交易的逻辑。

从那以后，珍妮都在努力跨越当年那块草地上她臆想的分界线，而不断向斯特娜那一类人靠近：他们总是把最好的东西留给他人。

梦想启示

　　宽以待人，是一种美好的品质。对于美好的事情，懂得与他人分享，那样才能长久。过于在意交易，在意所得的人，只会让一个人的心过于细腻，被世俗的事务所束缚，让人失去内心的自由。

　　感悟舍得，懂得与人分享，会让你拥有美好的一生。

把爱分一些给他人

一位身高不到一米六的守墓人，已经有好多年了，他都会在每个星期收到一位素不相识的名叫亚当夫人的来信，随信夹着钞票，请他每周给她儿子的墓地献一束鲜花。

后来，他们见面了。那天，一辆黑色小汽车停在公墓大门口，司机急忙走进守墓人的小屋，对他说："先生，我家夫人在门口的车上等候您，她生病了不便走动。"

一位上了年纪的妇人端坐在车上，看上去很孱弱，但露出几分高贵。她的眼神难掩哀伤，没有光彩。她怀里抱着一大束鲜花。

"我是亚当夫人。"她说，"这几年，我每个星期都给你随信寄钱……"

"买花。"守墓人答道。

"是的，给我儿子。"

"我从没有忘记放花，夫人。"

"今天，我亲自来了，"亚当夫人充满感情地说，"因为，医生说我的生命只剩下几个星期的时光。死了倒清净，活着也没有什么希望。我只是想再来看一眼我的儿子，亲手为他放一束鲜花。"

守墓人苦笑了一下，他眨巴了几下眼睛，说："我说，夫人，这几年你常寄来钱让我买花，我总感觉有些可惜。"

"有些可惜？"

"是的，夫人。鲜花放在那儿，没两天就被风吹干了。没有人闻，也没有人看，太可惜了！"

"你真会这么想吗?"

"是的, 夫人, 请你别责怪。我想起自己常去医院、孤儿院时的情景, 那里的人们非常喜欢花。他们爱看花, 爱闻花香。那儿都是活着的人, 可这墓地里哪有一个活着的人呢?"

老夫人不声不响地听着。然后, 她在那里小坐了片刻, 默默地祷告了一阵, 没留任何话就离开了。

这一番太率直、欠考虑的话让守墓人为自己的行为感到后悔。因为, 这会使亚当夫人心里很难受。

几个月之后, 这位老妇人又突然来访, 这将守墓人惊得目瞪口呆, 因为她可是自己开车来的。

"我把花都给那儿的人们了。"亚当夫人面露微笑, 十分友好地向守墓人说, "你说得非常正确, 他们看到花可高兴了, 这真让我幸福! 我的病情也出现了转机, 医生完全不明白这是怎么回事, 可是我心里明白, 我感觉自己活着还有些用处。我找到了生活的真正意义, 它重新唤醒了我对生命的热爱!"

梦想启示

每一个人都生活在一个环境当中, 如果远离这个环境, 人将会孤立无援。

把爱分一些给他人, 就是去打破孤立无援的境地, 让我们活在一个更大的环境当中。正如《爱的奉献》里所唱: "只要人人都献出一点爱, 世界将变成美好的人间。"

孩子眼中的爱

阿比，4岁，是一个小男孩。他说："当有人爱上你，他说你名字的方式是不一样的。你就知道你的名字在他嘴里说出来感觉棒极了。"而在5岁的阿尔看来，爱更像一种"味道"，他说："爱就是女孩抹香水、男孩涂古龙水，然后他们出去，互相闻着。"有个叫单尼的7岁孩子说："爱就是当我妈妈给爸爸泡咖啡，在给他之前先尝一口，看看味道是不是还可以。"7岁的小女孩艾尔也有自己的看法："爱就是当你告诉一个男孩，你喜欢他的衬衫，他就每天都穿着它。"

在这4个孩子的眼里，爱是一种感觉，或者味道。你是不是也承认，孩子们说得很有道理呢？

不过，5岁的伊恩走了一条实惠路线。他说："爱就是在妈妈把最好的鸡块给爸爸的时候。"7岁的阿丽丝同样有细致的观察。她说："爱就是妈妈看到爸爸一身臭汗的样子，却仍然说他比电影明星们帅。"8岁的阿贝要显得深刻一些。她说："我奶奶得了关节炎，再也不能弯下来涂脚趾甲。这时，我爷爷就会弯下身来帮她涂，甚至当他自己的手得了关节炎也是这样。这就是爱。"

爱，在3个孩子眼里是：一个行动，一句赞美的话，一个关切。

6岁的阿汤米，语不惊人死不休："爱就像一个小老太婆和一个小老头儿，尽管他们彼此很了解，但仍然是朋友。"马克，6岁，他也有着自己独到的见解："爱就是当妈妈进卫生间看到爸爸在里面，而她并不觉得恶心的时候。"8岁的艾琴显得与众不同："爱就是你们一直接吻的时候，然后你们厌烦了接吻，但你们仍然想待在一起，而且你们聊得更多。妈妈和爸爸就是这样的。"

这3个孩子，说得很有些古灵精怪，这便是他们眼中的爱。

有一场评爱心奖的比赛，一位作家被邀去当评委。那次爱心奖被一个4岁小男孩获得。小男孩的邻居是一位新近丧妻的老者。这个小男孩看到老人在院子里哭泣，便爬到老人膝上，坐在那儿。后来，妈妈问小男孩对那位邻居说了什么，小男孩答："什么也没说，我只是帮着他一起哭。"

这些，便是孩子世界里的爱。

爱，在孩子的世界里变得简单、新鲜。

梦想启示

无论是身为女儿、恋人，还是身为妻子、母亲，女孩都是离爱最近的人。

千百年来，人们都在思考"究竟什么是爱，爱是什么"这个问题。

那就让我们停一停，看一看孩子眼中的爱吧。

孩子天真无邪，没有什么经历，也许正是因为这样，他们对爱的看法才更有穿透力。

这是你的选择

2300多年前，大哲学家**苏格拉底**常穿着他那件皱皱巴巴的短袍走在雅典街头。

每天，苏格拉底悠闲地穿过雅典城中心的广场，然后在广场一角坐下来。这个时候，总会有许多粉丝围拢过来。其中有柏拉图和亚西比德那样的阔少，也有安提西尼那样的清贫淡泊之士，还有亚里斯卜提那样的无政府主义者。

这群粉丝数量巨大，每天都会有人过来听苏格拉底讲课，让这位智者带领他们思考人生。

一天，几名学生问苏格拉底："先生，人生是什么呢？"

苏格拉底没有正面回答，而是带领他们离开中心广场，来到一片苹果林中，然后说："你们从苹果林这头走到那头，每人挑选一个你认为最大最好的苹果，把苹果摘下带回来。记住，不许走回头路，也不许选择两次。"

这个活动让所有学生兴奋不已，觉得比苏格拉底讲雅典民主政治还有意思。学生们都步入苹果林，认真地挑选他们认为最好的苹果。

他们走到苹果林尽头时，发现苏格拉底已在那里多时。他开口问道："你们对自己挑选的苹果满意吗？"

大家相互对视，却没有人回答。

苏格拉底又说："看来你们对自己的选择不满意？"

这时，一个青年请求说："刚进苹果林时，我就发现一个又大又好的苹果，我想后面一定还有更好的。当走到苹果林尽头时，我才发现第一次看到的那个就是最大最好的。先生，让我们再选择一次吧？"

又有一个青年说："我和他情况不同。刚走进果林不久，我就摘下了一个自己认为最大最好的苹果，可后来我又发现了更好的苹果。现在，我摘到的只是一个很平常的苹果。"

许多青年不约而同地请求道："先生，让我们再选择一次吧！"

苏格拉底微笑着语重心长地说："孩子们，这就是人生。人生没有彩排，你的人生只能是一次无法重复的选择，所以，思考人生的意义很重要。"

梦想启示

人生的选择很重要，因为你面对的是一个无法走回头路的人生。人不能两次踏进同一条河流，即使你再回头去找上一次你走过的那条河流，它也不再是先前的那条河流了。

有人说，面对人生，要做到三件事情：郑重的选择，争取不留下遗憾；如果遗憾了，就理智地面对它，然后争取改变；假若也不能改变，就勇敢地接受，不要后悔，继续朝前走。

这些只是技术层面或者励志的一种说法。它会管用，但不能在本质上解决问题。

懂得了人生的意义，我们才能少犯致命的错误。很多人往往是经历了许多事情，熟悉了很多东西后，才可能避免某些重大错误的发生。但那样准备的过程太长，需要做太多可能错误的选择，来避免以后出现的失误。所以，如何让人生少些错误的选择呢？思考人生就变得异常重要，这会引导你拥有一个无怨无悔的人生。

人生的蝴蝶效应

罗伯特·西奥迪尼是美国著名的心理学家，亚利桑那州立大学的心理学教授，曾任美国人格与社会心理学协会的主席。

在罗伯特的人生当中，有一件事情对他影响深远。一天，他去纽约出差办完事情后，乘地铁去时代广场站。当时，正值下班乘车高峰，人们像平时一样蜂拥而下，沿着台阶直奔站台。

忽然，罗伯特看见一个衣衫褴褛的男子闭着眼睛，一动不动地躺在台阶中间。由于人们都在赶地铁，忽视了这个男子的存在，匆忙从他身边走过，甚至有个别人急于乘坐地铁回家而从他身上跨过。

罗伯特完全被眼前的场景所震惊。于是，他决定留下来观察，看看到底会发生什么。就在罗伯特停下来的那一刻，转机出现了：他身边的一些人也陆续跟着停下来了。

不到1分钟的时间，那名男子的身边就围满了一圈关心他的人。就在那一瞬间，人们的同情心迅速传递开来。有一位先生去给他买来食物；有一位女士匆忙给他买来了水；还有一个人匆忙离开了，原来他是去通知地铁巡逻员，这名地铁巡逻员接着打电话叫来救护车。

几分钟之后，这名男子苏醒了，他一边喝水吃食物，一边等待救护车的到来。

随后，人们了解到，这个衣衫褴褛的男子是西班牙人，他只会说西班牙语，因为身无分文已经饥肠辘辘在曼哈顿的街头流浪了好几天。因为饥饿和焦虑，他晕倒在地铁站的台阶上的。

　　最初，那些见到这个衣衫褴褛的西班牙男人为什么会对他熟视无睹、毫不关心呢？

　　罗伯特经过一番分析，最后认为：其中一个重要原因是，在匆忙而又水泄不通的人流当中，人们往往会陷入完全的自我状态，忽视一切无关的信息，周围需要帮助的人也被忽视了。这就像一位诗人所写的诗句："我们走在嘈杂的大街上，眼睛却看不见，耳朵也听不见。"在社会学中，这种现象被称为"都市恍惚症"。

　　后来，为什么人们对这个衣衫褴褛的男子的态度发生了如此大的变化呢？

　　罗伯特表示：因为有一个人的关注，致使情况发生了变化。当时，自己停下来，仅仅是要看一下那个处于困境的男子而已。路人却因为自己的这个举动而从"都市恍惚症"中清醒过来，因此注意到了那个男子需要帮助。大家在知道情况之后就开始用实际行动来帮他解决困难。

　　因为看到别人的善举，而对自身的心理产生冲击，进而引发行善的愿望和行动，心理学家将这种变化称为"升华"。

　　当一个人停下来，帮助那个正需要帮助的人的时候，这个善举就像是一只蝴蝶扇动一下翅膀，最终引起一场"蝴蝶效应"。

　　所以，一个人内心向善的改变，从某种意义上说会改变世界，并让其变得更好。

梦想启示

一位安葬于威斯敏斯特教堂的英国主教的墓碑上，写有这样一段话：少年时，我意气风发，踌躇满志，曾梦想改变世界。但当我年事渐长，阅历增多，发现自己无力改变世界。于是我缩小了范围，决定先改变我的国家，可这个目标仍然太大。接着我步入中年，无奈之余，我试图将改变的对象锁定在最亲密的家人身上。但天不遂人愿，他们个个还是维持原样。当我垂垂老矣之时，我终于悟出了一个道理：我应该先改变自己，用以身作则的方式影响家人。若我能先当家人的榜样，也许下一步就能改善我的国家，再后来，我甚至可能改变整个世界。

所以，要做的只是改变自己，你的内心变好了，你的世界也随之变好。

要学会说"不"

大学毕业后，**汉斯**很快找到了工作。

一天，姑妈到汉斯工作的这座城市来看望他。汉斯很激动，他陪着姑妈在风景区里转了转，不知不觉到了吃晚饭的时间。

汉斯刚工作没多久，当时又正值月底，他摸了摸口袋，发现自己只剩下20美元。这便是他能够拿出来招待姑妈晚饭的全部资金。他本想找家小餐馆点两个小菜吃一顿，可姑妈却偏偏不与他方便。姑妈相中了一家很体面的餐厅，汉斯只好硬着头皮，跟着姑妈走进了这家餐厅。

汉斯有些不安地坐下来，姑妈开始看菜单，然后问："孩子，你看这几个菜行吗？"

汉斯本想否定，因为他口袋里只有20美金，但话到嘴边却变成了："随便，随便。"

姑妈没有客气，一一报下了菜名。汉斯心想，这下可完蛋了。他摸了摸口袋里仅有的20美元，显然，这点钱是不够的，怎么办呢？

姑妈似乎没有觉察到汉斯的不安，她只是一味地称赞着这儿的饭菜很可口，不虚此行。汉斯可不觉得这儿的饭菜有什么好吃的，他味同嚼蜡，满脑子想的是如何付账的事情。最后的时刻终于来了，侍者彬彬有礼地拿来了账单，径直走向汉斯。汉斯接过账单，张了张嘴，再也没有说出话来。

姑妈却早有预料，她笑着拿过账单，付给了侍者钱，然后对汉斯说："孩子，我明白你的感觉，我一直在等待你说'不'，可你为何一直都不说呢？

你要明白，有些时候一定要坚决勇敢地把这个'不'字说出来。因为，这是最好的选择……"

梦想启示

学会说"不"，有时是为了避免尴尬；学会说"不"，有时是为了避免不必要的损失；学会说"不"，有时则是回避虚荣，让自己变得诚实。

勇敢地说"不"，不然，某些时候会让你遇到像汉斯面对一张付不起的账单一样，令场面更加尴尬。

蚁熊的生存之道

蚁熊，顾名思义，就是吃蚂蚁的熊，分布于中美洲和南美洲，从墨西哥最南端到巴西、巴拉圭的广大地区。它是世界上最大的食蚁兽，一天最多可以食3万只小蚂蚁。

然而，许多人并不太了解蚁熊的习性，这引起了美国哥伦比亚大学生物学德籍客座教授华莱士的兴趣。华莱士教授是专门研究亚马孙河流域热带雨林中的动植物的种类、习性及生态平衡的，他有许多相关著作出版。

有一段时间，他专门追踪蚁熊，研究其生活习性。

20世纪70年代以前，由于蚁熊的肉可以食用，极易捕捉，数量大减，最后导致70年代就不得不将它列为世界保护动物。

华莱士惊奇地发现，蚁熊远比人类克制。它有一种特殊的习性：吃蚂蚁时，从来不会斩尽杀绝。它每次挖开一个高出地面成塔状的蚁冢时，虽然那里有着成千上万只蚂蚁，然而蚁熊只吃掉一小部分蚂蚁。虽然它的舌头能惊人地伸到60厘米长，并能以每分钟150次的频率伸缩；舌头上遍布小刺并有大量的黏液，蚂蚁被黏住后就无法逃脱。但是，蚁熊进食的时间从来不会超过3分钟，最贪婪时也只吃下500只蚂蚁，其他的全部放生。

然后，蚁熊再寻找下一个蚁冢。

更令华莱士吃惊的是，偶尔有一群蚂蚁正将一条鲜活的大蚯蚓拖往蚁穴，蚁熊见到这些搬运粮食的蚂蚁从不打扰，而是让它们尽情享受美味佳肴。

华莱士教授将这一现象提升到理论的高度：蚁熊为何大讲人道主义？研究结果令人惊叹：原来，蚁熊十分清楚，要使自己的种群在那片地域上生存，就必须让蚂蚁家族世代繁衍下去，无论是它的仁慈，还是它的宽厚，事实上都是来自自身生存和发展的需要。这是生物链自然平衡的现象。

从蚁熊生存之道上得到的启示，华莱士用它来呼吁世人：人类需要有节制地利用地球上有限的资源；斩尽杀绝、吃光、采光，最后斩杀的是人类自身。

没过多久，华莱士向美国政府提出了建议：立即封井并停止开采，仅有20年储量的本土石油给子孙后代留作遗产；大力开发水力、风力、潮汐、太阳能、海洋温差等可再生自然资源。美国政府接受了他的合理建议，本土的油井于2000年1月1日全部封井停钻。

"蚁熊是我们人类的导师！我们要珍惜地球上每一滴资源，不要把它变成人类最后一滴眼泪！"这是华莱士教授从他的研究成果中得出的对人们的严肃告诫。

梦想启示

过度的发展，许多时候带给我们的并不是胜利，而是目光短浅的一时成就和长久的后患。

蚁熊的生存之道，对于我们来说，意味着我们要学会节制，理性地克制自己的冲动和欲望。

脚下的鹅卵石

动物学家**莱克斯**到非洲大草原考察，他目睹了一头巨大的长颈鹿倒下时的情形。那时，他只能为长颈鹿扼腕叹息，那个悲壮的场面一直留存在他脑海里。

长颈鹿因为口渴难耐去一条小溪边喝水。小溪里的水很浅，还不到长颈鹿的脚踝，莱克斯正站在架好的摄像机旁专心拍摄长颈鹿喝水的镜头。然而，就在长颈鹿刚刚走下小溪，准备伸出长长的脖子饮水时，突然，脚下一滑，长颈鹿那庞大的躯体轰然摔倒在了小溪里。

原来，长颈鹿的前脚一不小心踩在一颗鹅卵石上。鹅卵石因长年累月浸泡在水里，上面长出了一层青苔，使石头表面很光滑。躺倒在溪水里的长颈鹿不论如何挣扎，再也无法爬起来。想想看，长颈鹿的腿很长，身体也太重，外加一个长长的脖颈，一旦躺倒在地面就再也不会轻易站起来，更别说在满是淤泥的水里。

莱克斯很为长颈鹿的处境着急，但凭他一个人的力量根本无法救助这头长颈鹿。放眼望去，在茫茫的非洲大草原，除了这位动物学家，如果还能找到其他活物，那很有可能是狮子、豹子、猎狗，或者土狼。

最终，长颈鹿用完最后一点力气死在浅浅的溪流中。

一个看上去力大无比甚至能够踢死狮子的庞大食草动物，它的生命却因一时粗心而丧失在一块长满青苔的很小的鹅卵石上。

在我们的生活中，是不是也会遇到这样的小鹅卵石呢？或因为不小心，或因为骄傲，或因为其他种种原因。

梦想启示

　　长颈鹿是现今世界上最高的动物。它的头颈和腿都非常长，站起来能达到6米高，就像一座高高的瞭望台。

　　动物学家莱克斯为我们见证了长颈鹿轰然倒下的那一幕，只因长颈鹿一时不小心，一个长着青苔的鹅卵石便让它失去了珍贵的生命。这的确是一个生命悲剧。

　　一个看似庞大的生命，瞬间流失在一块小鹅卵石上。在我们的人生中也会出现这样的例子。有些事情你必须小心谨慎，不能越过那个界线，例如法律，例如对他人生命的敬重。

第六章　目标

目标，是实现梦想最可靠的指南针。

有了目标，生活就有了方向。实现人生价值的过程中，早一天树立正确目标，就能够做到有的放矢，就会节约人生的能量。

有了梦想，有了目标，人生就不再贫穷。脚踏实地地去实现你的目标吧，放飞梦想，不仅能够成就自己，也能帮助家人，甚至是帮助乡邻、社区和社会。

飞天之路

2013年6月26日，"神舟"十号载人飞船返回舱在内蒙古主着陆场成功着陆，从而结束了在太空15天的神奇之旅。

走出返回舱，**王亚平**对记者说："这一次飞行任务让我圆了儿时的两个梦想，一个是飞天梦，一个是教师梦，而且是在天上上的课。"

原来，小时候的王亚平学习非常认真，成绩优异，从小学一年级到五年级，她都是班长，初中时担任语文课代表。

不过，这个小女孩在家人的眼里除了帮助家人干农活外，最突出的就是身体很棒，用时髦的话语说，就是一位体育达人，尤其擅长中长跑。

7岁那年，王亚平第一次参加体育比赛，并在烟台市福山区获奖。从小学到初中，一年一度全校运动会到来的日子，王亚平都很兴奋，因为她又可以参加体育比赛，争夺冠军了。

初中毕业那年，家人希望王亚平去读中专，但王亚平不想放弃读大学的机会。于是，她背着父母报考了高中。因为只有读高中，才能考大学，才有机会实现自己的梦想。

读高中的那段日子，王亚平在体育成绩上有了进一步的提升，她成了一名体育特长生，主攻的是800米、1000米中长跑项目。

一次意外的机会，改变了她的命运。也可以说，是王亚平在体育上的绝对优势帮助了她。

17岁那年，长春飞行学院到王亚平所在的学校招生，经过层层严酷的选拔，由于身体素质非常过硬，王亚平被选中，从而成为中国第7批37名女飞行员中的一员。

大学4年，一向坚强好胜的王亚平不仅顺利完成了大学文化课程的学习，还学习了飞行驾驶技术，在航理考试中连续两年取得了第一名的好成绩，真正做到了"文武双全"。

"飞天之路，虽然辉煌却无比艰辛，每一项训练都是在向人的生理极限挑战，但拼搏的人生最壮美。"在通往太空的道路上，王亚平一直怀着这样信念。每一天、每一步都在朝着飞天的目标拼搏，她在过着苦行僧般的生活当中体会到了别人难以体会的乐趣，因为她有了更高的梦想和目标。

王亚平有强大的意志力，有飞行所需的知识，到后来有了飞天所需要的知识积累，但后来帮助她圆梦的，还是因为她曾是体育达人。过去的时光将她的身体锻炼得非常棒，让她有足够的力量去承受火箭飞起时的极大压力。

梦想启示

有梦想，就有追求。

梦想成真，才会超越平淡的人生，让我们有从未有过的喜悦。

追梦之路肯定不会平坦，那其中的路途会有挑战。在追梦的过程当中，王亚平也经历过不少坎坷。在长春飞行学院学习期间，为了打好体能基础，她常在东北零下几十度的室外，跑上几千米，跑完步回来，眉毛、眼睛上都是冰碴。

这就是付出，为梦想的付出。付出终会有回报，这位"80后"女孩，后来成为令人羡慕的航天员，实现了中国人的又一次飞天梦想。

在中国建一个 CSA 农场

CSA是"社区支持农业"的英文缩写，这种农业生产模式诞生于20世纪70年代的日本和瑞士。简单来说，就是基于相互信任，消费者预付一年费用，购买农民一年收成；农民则按照承诺，完全不使用化肥和农药，保证农产品的纯天然无公害，并定期将农产品配送到消费者家中。

在中国建一个CSA农场，通过该模式，给现代中国城市打造一个新的食品供应链，找到解决日益严重的食品安全和城乡不信任问题的新路径。这就是多家CSA农场创办者**石嫣**的梦。

一个在读博士生，跑到美国的小农场做了6个月"洋插队"，带着满手的老茧和"我要当农民"的梦想回了国。一个城里长大、十指从未沾泥的姑娘，不用化肥和农药，居然能把一块荒地变成供应千户家庭吃菜的农场。

2009年，26岁的石嫣还是中国人民大学一名农村发展专业博士生。站在北京西郊凤凰岭下，面对着刚刚开垦出来的200亩荒地，带着团队4个核心成员和3个当地农民，石嫣开始实践CSA的梦想。

垦荒、平整土地、播种……一排排的菜苗从土里钻了出来，命名为"小毛驴市民农园"的CSA农场开工了。石嫣设计了两种会员模式："配送份额"会员需交一年的订金，每周由农场将当季的新鲜蔬菜送上门；"劳动份额"会员则是交一半的钱，由农场提供土地和技术，供其自己耕作。

尽管配送的蔬菜经常只有包菜、黄瓜等几个品种，而且模样"看上去不那么水灵"，但"配送份额"会员觉得："味道真的好，十分浓郁。有一次，菜里还爬出一条大青虫来。"

"要善待土地，土地最诚实。你呵护它，它就回报你；你糊弄它，它也糊弄你。"石嫣说。"小毛驴"虽然没有参加有机认证，但获得了消费者的"认证"，会员年年增长：2011年扩充到700多户，2012年达1000多户。

"小毛驴"的成功让石嫣声名鹊起，她却决定离开，重新开始。与"小毛驴"农场中雇用农民的方式不同，石嫣这次要把农民当作合作伙伴，一起协商制订生产计划和生产规范，推动农民在自己的土地上采用有机种植。"从长远来看，健康、安全农产品的持续提供，依靠的是农业的可持续发展，依靠的是农民，必须让农民受益。"

石嫣给自己的新农场起名叫"分享收获"。如今，加入"分享收获"的消费者会员已经有450多个。生产基地也从1个扩展到2个，通州150亩基地、顺义50亩基地；农户由最初的1户又增加了合作社。

石嫣在"分享收获"的宣传册中写下了一个可以量化的梦："每5户消费者加入，就可以让1亩土地脱毒；每10户消费者加入，就可以让1个农民有机耕作；每100户消费者加入，就可以让5个年轻人留在乡村工作；每1000户消费者加入，就可以有1个更可持续的乡村。"

梦想启示

伟大的梦想都是从一个个小目标的实现而最终实现的。

化解大目标，变成一个个小目标，努力去实现它们，最终你将品尝到胜利的果实。

多晚都可以开始做喜欢做的事

安娜·摩西奶奶，晚年成为美国著名和最多产的原始派画家之一。她对自己了如指掌的农场生活的描绘可谓驾轻就熟。

2001年3月15日到6月10日，在华盛顿国立女性艺术博物馆，举办了一场名为"摩西奶奶在20世纪"的画展。此次画展除展出摩西奶奶的作品外，还陈列了一些来自世界各地有关摩西奶奶生活的私人收藏品。其中有一张明信片引起了人们极大关注，它是1960年摩西奶奶寄给一位名叫春水上行的日本人的明信片。

此明信片是第一次公布于众，摩西奶奶在上面画了一座谷仓，还有她亲笔写的一段话："做你喜欢做的事情，上天会高兴地帮你打开成功之门，哪怕你现在已经80岁了。"

摩西奶奶为何要写这段话呢？

原来这位叫春水上行的年轻人很想写作，他从小就是一个文学爱好者。然而，大学毕业后，春水上行一直在一家医院工作，这让他感觉很痛苦。已经28岁，春水上行不知道应不应该放弃那份令他讨厌却收入稳定的职业，以便从事自己喜欢的文学。

在做选择之前，春水上行决定给久闻大名的摩西奶奶写一封信，希望得到她的指点。

摩西奶奶收到春水上行的来信十分感兴趣，因为在过去很长一段时间，她所收到的大多数来信，或是恭维她，或是向她索要绘画作品，而这封来自日本的信却是谦虚地向她请教人生问题。这时，摩西奶奶已经100岁了，但她还是立即做了回复。

众所周知，摩西奶奶是美国弗吉尼亚州的一位农妇，76岁时因关节炎无法干农活才开始她梦寐以求的绘画。80岁时，她到纽约举办画展，引起轰动。她活了101岁，一生留下绘画作品1600多幅，在生命的最后一年还画了40多幅画。

那么，到底是何种原因使人们非常关注这张明信片呢？原来，这张明信片上的春水上行不是别人，而是目前日本大名鼎鼎的作家渡边淳一。

梦想启示

现在晚吗？不，不晚。只要行动，价值就在此刻。

当年，华盛顿国立女性艺术博物馆举办的"摩西奶奶在20世纪"的画展，讲解员向参观的人讲解这张明信片时，总会说：你心里想做什么，就大胆地去做吧！不要管自己的年龄有多大和现在的生活状况如何，因为，你想做什么和你能否取得成功，与这些没有什么关系。

所以，如果你有想做的事，不要犹豫，马上行动吧！

现在就出发

安东尼·吉娜曾在美国著名的脱口秀节目《快乐说》中讲述了自己的成功之路。很少有人会想到，这位美国纽约百老汇中最年轻、最负盛名的演员，几年前仅是大学艺术团里一名无足轻重的歌剧演员。

一次校际演讲比赛的经历改变了她的命运。吉娜在那次演讲比赛中向人们展示了自己非常璀璨的梦想：大学毕业后，她先去欧洲旅行1年，然后去纽约百老汇打拼，要在那里成为一名优秀的主角。

第二天，吉娜的心理学老师找到她，开门见山地问她："孩子，你欧洲旅行完之后去百老汇，跟毕业后就去百老汇有什么区别呢？"

"是啊，去欧洲旅游并不能帮我争取到去百老汇工作的机会。"吉娜稍做沉思后说。于是，吉娜决定毕业以后就去百老汇闯荡。

这时，心理学老师又问："你现在就去，跟1年以后你毕业了再去，会有什么不同呢？"

吉娜有些招架不住了，她的眼前浮现出了那个金碧辉煌的舞台和那双魂牵梦萦的红舞鞋，她动情地说："好吧，给我一个星期的时间准备，我就前往。"心理学老师却紧追不放："在百老汇，日常用品应有尽有，为什么还要花一个星期时间去准备呢？"

吉娜热泪盈眶："好的，老师，我明天就去。"

老师欣慰地点了点头，说："我已经帮你订好明天的机票了。"

第二天，吉娜就飞向了百老汇这个处于全世界巅峰的艺术殿堂。

当时，百老汇的制片人正在酝酿一部经典剧目，世界各地的几百名艺术家前往那里应聘该剧主角。按当时的应聘步骤，首先挑出10个候选人，然后让他们从剧本中挑选一段主角的独白试演一下。这意味着主角要经过两轮艰苦角逐才能胜出，真可谓百里挑一。

吉娜到达纽约之后，并没有急于去漂染头发、购买服饰，而是想尽一切办法从一名化妆师手里弄到了即将排演的剧本。在以后的两天时间里，吉娜闭门苦读，静心演练。

正式面试那天，第48个出场的吉娜没有按常规介绍自己的表演经历，而是直接表演那个剧目的对白。制片人听到传进他耳朵里的声音，竟是即将排演的剧目对白，而且眼前的这个姑娘感情如此真挚，表演如此惟妙惟肖，他惊呆了。

制片人立刻通知工作人员结束面试，因为吉娜已是该剧的主角。

梦想启示

梦想有一对翅膀：立刻行动，持之以恒。

假如不立即行动，就会失去实现梦想的最好时间；不行动，梦想就难以实现。

假如不持之以恒，梦想就会在有一个好的开头之后夭折；不持之以恒，梦想最终只是空想。

立刻行动，持之以恒，梦想才有可能实现。

独臂女孩成冲浪冠军

许多人为她感到惋惜，被送进医院时，她已经失血高达70%，生命危在旦夕。

原来，出生在美国夏威夷基拉韦厄火山口附近的女孩**贝萨妮·汉密尔顿**，从小就非常喜欢冲浪。她梦想着有一天能够成为一名专业冲浪运动员。

一天清晨，贝萨妮同伙伴们去海湾冲浪。玩过一阵后，她躺在冲浪板上休息。她一边看着蔚蓝色的天空，一边将胳膊伸到水里玩耍。这时，一个暗灰色的影子突然蹿到她跟前，那是一条长约5米的虎鲨，一口咬住了她的那条胳膊。一阵剧烈的摇晃和钻心的疼痛袭来，顷刻之间，她意识到鲨鱼咬断了自己的一条胳膊，四周的海水已被染成一片血红。千钧一发之际，贝萨妮努力保持冷静，以最大的克制让身体保持平衡，假如她一挣扎或是转身，就会掉进海水里。她用剩下的右手，用尽最后的力气向岸边划去。到岸之后，伙伴们立刻用一条绳子绑住残肢为她止血。

经过医院紧急抢救，贝萨妮终于脱离危险，从死亡线上挣扎回来。

从手术台上清醒过来，贝萨妮看见医生走过来了，便问道："我什么时候能够再去冲浪呢？"

医生完全被小女孩的话语所震撼，竖起大拇指，安慰她说："孩子，等你手臂的伤口愈合了就可以去冲浪了。"

当胳膊上缠绕的绷带被拆开时，一道长长的伤口出现在大家面前，贝萨妮的哥哥被吓得脸色惨白，快要晕倒的妈妈扶着苍老的外婆走到病房外掩面而泣。没有人能够接受这样残酷的事实，唯独13岁的贝萨妮显得格外平静。

她反而安慰身边的爸爸说："我无法改变现实，世界上也没有一台可以让时间倒流的机器。这是上天为我安排的命运，我只有勇敢地面对它。"

3周之后，贝萨妮的身影就再次出现在太平海的浪尖上。

她要继续冲浪，人们对这一举动仅报以祝福的微笑，因为冲浪是一项需要技巧和平衡的运动，只剩下一只手臂的人很难在翻卷的海浪中找到平衡，因此，大多数人不认为她能够成功。

有人劝说她应该停止这种无谓的努力，但她依然坚持自己心中的梦想，继续努力。

最终，事实胜于雄辩，她做到了。贝萨妮的竞技水平并没有因为少了一条胳膊而有所降低，冲浪技艺反而进一步得到提高，她先后夺得一系列赛事的冠军，其中包括2004年的第15届美国冲浪锦标赛冠军。

不久，她又加盟国家冲浪队，准备向世界冲浪冠军的宝座发起冲击。

2005年，贝萨妮出版了自传《灵魂的冲浪》，这本书曾登上了《洛杉矶时报》畅销书的名单。

贝萨妮的事迹和她顽强的生活态度，鼓舞了很多人。

梦想启示

带着梦想出发吧，一路上你会发现别样的风景。

是梦想，让我们看到更远的路；是梦想，让我们充满动力。

梦想是风，会让你扬帆远航；梦想是光，会让你心中的种子生根发芽；梦想是一片土地，会让你的生活拥有归属感。

"丑小鸭"变成"第一夫人"

幼年时，**埃莉诺·罗斯福**声音刺耳，门牙外露，傻笑时眼睛会流泪，是个枯瘦、笨拙的"丑小鸭"，甚至一度被家人认为是个傻孩子。

8岁时，母亲过世；9岁时，父亲也因酒精中毒死去。成为孤儿的埃莉诺只好寄身于祖母家。这时的埃莉诺内向、少言寡语、腼腆，不愿接触陌生人。

第一个改变埃莉诺命运的人，是她的祖母。15岁时，祖母将她送往位于英国伦敦附近的阿伦斯伍德女子高中就读。在这所英格兰女子寄宿学校，埃莉诺学到了足够多的知识，也开阔了视野。不过，此时的埃莉诺并没有长远的人生目标。

埃莉诺从学校毕业后，想在电信行业找一份工作，埃莉诺的伯父想起了一位老朋友——美国无线电公司的董事长萨尔洛夫将军，就让她前去拜访。

萨尔洛夫将军热情地接待了埃莉诺，关心地问："孩子，你想做哪方面的工作？"

埃莉诺答道："随便。"

顿时，萨尔洛夫将军神情严肃起来，说："据我所知，没有哪一类工作叫'随便'。"

随后，萨尔洛夫将军提醒眼前这位晚辈："任何一条成功的道路都是由目标和梦想铺就的。"

后来，埃莉诺参与各种社交活动，尤其热衷慈善事业。她支持丈夫富兰克林·罗斯福的政治梦想，提醒罗斯福改善贫困人口的生存境况迫在眉睫，这一点也成了他日后政治纲领的一部分。1921年，罗斯福患上脑灰质炎并逐渐失去行动能力。埃莉诺鼓励罗斯福在政治生涯上重整旗鼓，并在1932年赢得总统大选。

历史证明，埃莉诺·罗斯福是一位不同寻常的"第一夫人"，她超越传统白宫女主人的形象，而是作为杰出的社会活动家、政治家、慈善家、外交家和作家被载入史册。

梦想启示

1905年，埃莉诺与罗斯福结婚，但她每天用在家务上的时间不会超过15分钟。那时的埃莉诺把所有时间都花在了穷人身上。

某种意义上说，埃莉诺取得巨大成功，成为最伟大的"第一夫人"，与她青年时的那次经历有关。萨尔洛夫将军的教诲让她受益终生。

目标，让人生有的放矢。

野心助你实现梦想

巴拉出生在贫苦人家，从童年到青年时期，都在艰难中度日。

成年后，巴拉以到各地推销装饰肖像画挣到了第一桶金，然后投资媒体行业。他热情、吃苦，还有灵活的头脑，用了不到10年的时间，就已经跻身法国50大富翁之列，成为一位年轻的媒体大亨。

然而，不幸的事情发生了。正当他登上事业的巅峰时，他患上了前列腺癌，于1998年去世。临终前，巴拉留下遗嘱，将4.6亿法郎的股份捐献给博比尼医院，用于前列腺癌的研究；另外将100万法郎作为项目基金，奖给揭开贫穷之谜的人。

巴拉去世后，法国《科西嘉人报》刊登了他的一份遗嘱。在这份遗嘱里，他说："我曾是一位穷人，在以一个富人的身份跨入天堂的门槛之前，我想把自己成为富人的秘诀留下，如果有人能通过回答'穷人最缺少的是什么'而猜中我成为富人的秘诀，我将以我留在银行私人保险箱内的100万法郎，作为我送给那位睿智地揭开贫穷之谜的人的祝贺奖金。这也是我在天堂之中，给予他的欢呼和掌声。"

遗嘱刊出之后，他们收到了48561人寄来的答案。不难想象，这些答案五花八门，一应俱全。"穷人最缺少的自然是金钱，拥有金钱就不会再是穷人了。"绝大多数人都这样认为。有一部分人认为，穷人之所以穷，当然最缺少的是机会，大多数穷人的贫穷是"背时"造成的。有一些人比较理性，认为穷人之所以穷，最缺少的是技能，没有任何专长和技能，自然受穷，也就不可能发财致富。还有的人说出了自己的答案，穷人最缺少的是帮助和关爱，每个政党在上台前，都给失业者大量的许诺，然而上台后就将他们的许诺抛到九霄云外。另外有一些人的答案则是：最缺少的是美貌，是皮尔·卡丹外套，或者桀骜不驯的性格等。

在巴拉逝世周年纪念日上，他的律师和代理人在公证部门的监督之下，打开了那个存放于银行内的私人保险箱，公开了他致富的秘诀：穷人最缺少的是成为富人的野心。

年仅9岁的小女孩蒂莉猜对了，在48561人寄来的答案当中，她也是唯一猜对答案的人。

谜底不仅震动了法国，同时也震动了英国、美国等西方国家。

人们将视线转移到好莱坞的一些新贵和其他行业年轻的富翁身上。在接受采访时，他们均坦率地承认：野心是"治疗贫穷"的永恒的特效药，是所有奇迹发生的"催化剂"。

梦想启示

野心到底是什么呢？乍一听"野心"这个词觉得有点吓人。细想想，野心并不是为某事去蛮干，那不是野心，而要么是愚蠢，要么是精神出了问题的险恶之心。

纯粹意义上的野心，是指一个人有坚定的人生目标，并为目标敢想敢干。在你是穷人时，要有成为富人的梦想；在你没有知识的时候，要通过学习拥有知识，并通过生活提高自身的修养、境界。

目标导向成功

美国哈佛大学曾经做过一份影响深远的关于目标对人生影响的跟踪调查。

此次调查对象为一群智力、学历、环境等条件都相当的年轻人。

调查结果发现：27%的人没有目标；60%的人目标模糊；10%的人有比较清晰的短期目标；3%的人有非常清晰的长期目标，并能把这个目标写下来，经常查对进展程度。

25年的跟踪调查和研究表明这些人的生活状况和分布现象显得非常有意思：

那些只占3%的有非常清晰的长期目标的人，25年来几乎没有人更改过他们的人生目标，他们坚定地朝着自己选定的方向不懈地努力、奋斗。25年后，这些只占3%的人，差不多都成了社会各界的顶尖成功人士。他们当中并不乏白手创业者、行业领袖和社会精英。

那些只占10%的有比较清晰的短期目标的人，25年后，大都处于社会的中上层。他们有一个的共同特点：短期目标在不断完成，生活状态也在逐步改善，成为各行各业不可或缺的专业人士，如律师、医生、商人、工程师、高级主管等。

占60%的目标模糊的那群人，几乎都生活在社会中下层。他们有工作，也能够安稳生活，但没有人取得特别大的成绩。

剩下的27%的人，是25年来那些没有目标的人群。他们几乎都生活在社会的最底层。他们过得很不如意，经常失业，靠社会救济度日，并且时常在和他人抱怨的世界中度过。

因此，目标对人生具有深刻的导向作用。成功对于每一个人来说，在最开始的时候，仅仅是一个选择。你选择了什么样的目标，有什么样的追求和努力，也就会有什么样的人生。

梦想启示

目标左右人生，许多时候，出发点的选择意味着有什么样的归属。顺着一条大河走，最终会到达大海。

有了目标，便知道了人生的方向，便能将人生梦想更多地转化为现实。

第七章 进取

天下没有免费的午餐，有付出才会有收获。

人只有不断地学习，才能不断地提升自己的能力，在获取之前，需要你先有所付出。所以，进取才显得那样重要。

比尔·盖茨告诫大家，今天要为明天的成功做好准备。他说："一个人想要成功，就要学会在机遇从头顶上飞过时，跳起来抓住它。这样逮到机遇的概率就会增大。"

如果你不主动面临挑战，不思进取的话，你将被动接受风险。

进取之心，能够帮助你赢得机遇，让你有心力帮助自己，照顾家庭，服务社会。

优秀的女导弹专家

李贤玉是战略导弹部队的一名优秀导弹专家。有人说她是"铁娘子""女强人"，她自己却说："我首先是一个女人，是祖国的女军人。"

对于一名军人来讲，忠于祖国，就是要忠于事业、献身国防。

在24年的科研实践中，李贤玉坚守在信息化建设科研第一线，常年奔波于工业部门、作战部队和试验现场，先后主持或参与了200余项课题攻关，研发了2000余套信息化装备，带领团队完成某通用型指挥系统、某一体化指挥信息系统、某攻防对抗体系等一批重大科研项目，为推进部队信息化转型建设做出了突出贡献。

李贤玉始终有种强烈的危机感和责任感。某作战指挥应用软件交付部队后，官兵反响不错，但李贤玉主动提出进行升级改造。这是一个极具风险的提议，搞不好软件性能会大打折扣。有人劝她不要冒险，有人说她想出风头，但她心里想得更多的是打仗和安全。于是，她顶住压力，大胆尝试，最终研制成功，在保证信息安全的前提下，大幅提升了系统性能。

在她心里，部队第一、发展第一、战斗力第一。她的每个重大科研项目都不是一两年完成的，有的五六年，甚至十年。她的科研线路比一般情况都复杂，从论证研制、反复试验、部队试用、反馈完善、定装交付到不断改进，围绕战斗力提升，她从来没有满足过。

装备交付部队后，一管到底是她的性格。从调试装备到培训官兵，她都要亲自过问，确保装备尽快转化为战斗力；一有新技术、新软件，她马上对现有装备升级改造，使其时刻处于最优状态；官兵使用中遇到任何问题，她立刻组织力量，第一时间前往解决。

凭借永不止步的进取精神，她先后荣获国家科技进步特等奖1项、二等奖1项，军队科技进步一等奖2项、二等奖8项，被评为"全国优秀科技工作者""全国三八红旗手"。日前，她又被全国妇联授予"全国三八红旗手标兵"的荣誉称号。

梦想启示

很多事业无关乎性别，而在于个人的积极进取。

梦想的实现永远离不开实际的行动。

天道酬勤

美国前国务卿**康多莉扎·赖斯**成名之后，有一次，记者采访她："请问您成功的秘诀是什么？"

赖斯坦诚回答："我的成功，在于比别人多付出了8倍的辛劳。"

小时候，赖斯生活在美国种族歧视很严重的南方城市伯明翰。在那里，黑人地位低下，处处受白人的欺压。

11岁那年，赖斯跟随父母到首都华盛顿游览。他们漫步在宾夕法尼亚大道上，最后在白宫大门前停了下来：因为肤色，他们不能进入参观。一家三口在这座举世瞩目的建筑物前面徘徊良久，最后，赖斯平静地对父亲说："我现在因为肤色原因而被禁止进入，但总有一天，我会成为那栋房子的主人。"

听了女儿的话，父母不觉得她狂妄，反而很欣慰。赖斯的父亲曾任丹佛大学副校长，母亲是小学音乐教师，姑姑是维多利亚文学博士。优越的家庭环境让赖斯从小就受到了良好的教育。

父母提醒女儿：改善黑人的境遇需要你付出辛勤的努力，取得非凡的成就。你要是拿出双倍的劲头往前冲，或许能赶上白人的一半；如果你愿意付出4倍的辛劳，就可能与白人并驾齐驱；你要是愿意付出8倍的辛劳，就一定能赶上并超过白人。

为了能"赶上并超过白人"，赖斯数十年如一日，用超过白人"8倍的辛劳"发奋学习，以积累知识，增长才干。

普通美国白人大部分只会讲英语，赖斯则除英语外，还精通俄语、法语和西班牙语；普通美国白人大多只能进一般的大学学习，赖斯则考进名校丹佛大学，并拿到政治学博士学位；普通美国白人26岁可能研究生还没有读完，赖斯却已经是斯坦福大学最年轻的教授，随后又出任了斯坦福大学历史上最年轻的教务长；普通美国白人大多不会弹钢琴，可赖斯精于此道，4岁时，她开了第一个独奏会，后来她还获得过美国青少年钢琴大赛第一名。

此外，赖斯还用心学习网球、花样滑冰、芭蕾舞、礼仪，白人能做到的赖斯都能做到，白人做不到的赖斯也能做到。

最重要的是，普通美国白人可能只知道遥远的俄罗斯是北半球一个寒冷的国度，赖斯却成为美国数一数二的俄罗斯武器控制问题的权威。

付出总会有回报，天道酬勤。

最终，赖斯脱颖而出：2005年1月，赖斯出任美国国务卿，她是继奥尔布赖特之后美国历史上第二位女国务卿。

梦想启示

世上没有无缘无故的成功，也没有无缘无故的失败。古人云："天道酬勤。"有付出才会有回报，得到的收益才会无愧于内心，才能活得踏实。

美国报业 "第一夫人"

说起**凯瑟琳·格雷厄姆**，大家都会认同她是个了不起的女人，但在成为美国传媒界的领军人物、《华盛顿邮报》董事会主席之前，她性格内向，害怕见人。

凯瑟琳出生在纽约一个富裕的犹太人家庭。小时候，她长相丑陋，父母很少理会她。因为缺少关爱，她变得越来越自卑，不愿意同陌生人说话。

16岁那年，父亲在一次破产拍卖会上以82.5万美元购买了创办于1877年的《华盛顿邮报》，从此，这家小报便成为家族的资产。当时《华盛顿邮报》日发行量只有5万份，一年亏损近100万美元，是当年华盛顿5份报纸当中质量最差、亏本最多、读者最少的一份，很少有人想到它日后会变成美国的媒体帝国。

大学毕业后，凯瑟琳顺理成章地进入父亲的报社，担任《读者来信版》主编，每个月她只能领到25美元薪水。在报社，凯瑟琳遇到了年轻律师菲利普·格雷厄姆，两人发展成为恋人，并于2年后结婚。婚后，凯瑟琳依旧没有开朗起来，经常躲在丈夫后面。她喜欢坐在宴会上最不起眼的位置，时间一长，家人也对她视而不见了。

随后，父亲逐渐将报纸的管理大权交给了从哈佛大学毕业的女婿菲利普·格雷厄姆。然后，父亲命令凯瑟琳相夫教子。此后，凯瑟琳便全心当起照顾丈夫的家庭主妇，养育4个孩子，也很少再在公共场合露面。

在菲利普的领导下，《华盛顿邮报》的发行量稳步提高，报纸的影响力也越来越大。但不幸的事情还是不断袭来，菲利普患上了抑郁症，对妻子也日渐不满。没过多久，菲利普便在自家农场中开枪自杀。

这一突然变故压得凯瑟琳喘不过气来。经过一个多月的调整，46岁的凯瑟琳再无退路，外边早已传言报社必将被出售，因为没有人看好这个柔弱胆怯的女子。她毅然决定接过权杖，继续经营《华盛顿邮报》，并出任该报发行人、董事会主席。

20世纪60年代的美国，虽有极少数女记者活跃在新闻界，不过主管一级的大多是男性，更别说老板了。凯瑟琳担任一把手之后，《华盛顿邮报》人心惶惶，不少名编辑、名记者都想跳槽。凯瑟琳立刻做出重大决策，提拔著名记者本·布莱德利担任邮报总编，并放权给各级主管、编辑、记者，让他们充分发挥自己的能量。

她要彻底改变《华盛顿邮报》老旧的传统，全力引进新潮、自由的新闻元素。为此，她花重金网罗新闻精英。没过多久，保守派们待不住了，纷纷离开，报社的政治立场也越来越倾向于自由派立场。

1972年6月，因5名男子私自闯入水门饭店民主党全国总部而被捕。面对政治压力，绝大多数媒体选择避重就轻，凯瑟琳却派著名记者进行深入调查，最后发现共和党政府试图在民主党总部安装窃听器，以破坏民主党的竞选活动。

此次丑闻曝光，如一枚重磅炸弹，令尼克松总统十分恼怒，司法部长更是暴跳如雷，扬言要取她的性命。然而，凯瑟琳并无畏惧，继续孤军奋战。

最后，凯瑟琳的正直与勇气唤醒了美国各大新闻媒体对自由与正义的支持，强大的舆论力量最后将总统逼下了台，这就是震惊世界的"水门事件"。

这一年，《华盛顿邮报》荣获普利策奖，在美国确立了大报地位。

当她1963年接手邮报时，报社年收入为8400万美元，旗下子公司只有

《新闻周刊》和两家电视台。1991年，凯瑟琳从首席执行官的位置退休时，邮报已发展成为包括报纸、杂志、电视台、有线电视和教育服务企业在内的庞大新闻集团，总收入已经高达14亿美元，在《财富》500家大公司中排行第271位。

这就是那个曾经腼腆、羞涩、胆小的"丑小鸭"，后来却挽救了濒临倒闭的《华盛顿邮报》，且以一份报纸扳倒总统的故事。

梦想启示

《华盛顿邮报》对"水门事件"的报道使调查类报道获得前所未有的声誉。最后，美国人从这一事件当中得出一个结论："一个自由的国家，没有比独立的传媒更伟大的财产，凯瑟琳·格雷厄姆在《华盛顿邮报》最大的贡献是在20世纪的晚期，使媒体真正成长为第四力量，与美国政府的三个权力分支享有同样影响力。"

这也是一个女人的眼光与勇气所创造出来的惊人事迹。

大鱼奔大江

非洲是一个神奇的大陆，一条3个月前还是湍急的河流如今已变成了一个个小水洼。在烈日之下，龟裂的河床迅速扩大，远处却能隐约传来大江的涛声。那些苦苦挣扎的鱼儿们只好从一个水洼跳到另一个水洼，循涛声而去。

这些，是非洲旱季来临时的节奏。

"还有多远呢？"一条大鱼在一个不大的水洼里喘着粗气，向一条躺着休息的小鱼询问。

"还远着呢，伙计！别费劲了，你是不可能到达到大江的。"小鱼悠闲地在小水洼里畅游了一圈说，"没有任何必要做去大江的梦，还是现实点好，待在这儿生活也不错！"

大鱼不无担忧地说："可是过不了多久，这个水洼里的水就会干的。"

"那又怎样？"小鱼不紧不慢地说，"长路漫漫，你又能走多远呢？离大江50步和离大江100步会有区别吗？既然结局是一样的，你何不耐心地待在这儿呢，还有几天好日子过。"

"假如那一天，我真如你所说的到不了大江，我已经尽全力了，也就不会有什么后悔的。"大鱼坚定地说。

"看看你吧，已经遍体鳞伤了，老兄！"小鱼灵活地扭动着自己保养得很好的身体，嘲笑着已经在小水洼里转不开身的大鱼说，"像你这样如此笨重的身体，还不老老实实待在原地，还奔什么大江啊？看看你一大把年纪，真的有鱼能够到达大江，那也不会是你啊！"

显然，小鱼的话戳到了大鱼的痛处。它说："我很羡慕你们有如此娇小的身材，在越来越浅的水洼里，你们也能自由地呼吸，可是再苦再难，我们大鱼也得奔自己的前程，因为我们想把握自己的命运。"

话音刚落，大鱼纵身跳入下一个水洼，它听到了小鱼抑制不住的嘲笑声。它明白自己的动作十分笨拙，有几片鱼鳞又从身上脱落了下来，而肚皮已经渗出了血。然而，它鼓励自己说："此时此刻，只有向前，没有其他出路。"

天气日渐酷热，水洼的水越来越少了，大鱼知道更艰难的日子在后面。

每经过一个水洼，里面都躺有懒得再动的伙伴。它们张大嘴喘着粗气，劝说大鱼："你别跳了吧，还是省点力气，没用的！"

大鱼却分明从空中听到了越来越近的涛声。"坚持就是胜利，"它给自己打气说，"唯有坚持，才会有希望。"

不知又跳了几个时辰，大鱼终于瞧见了大江的波涛，然而长途跋涉已经让它的体力耗尽。通向大江的路上，连最后的一个水洼也干涸了，虽然近在咫尺，可大鱼想自己是到不了大江了。当它从昏迷中再次醒来时，它听见了水声，接着便看见一小股水流缓缓流来，这是即将干涸的河床在这个夏季的最后一股水流了吧？大鱼抓住这个千载难逢的机会，在水流的帮助下，一鼓作气成功奔向了大江。

梦想启示

在生活的路上，谁也难以预知困厄之境会在什么地方出现，何时袭来。所以，在人生的道路上要随时准备好顽强的斗志，有奋发进取之心。因为只有这样，你才能够随时随地自救。

女孩与一颗黑痣

19世纪初的英格兰南部，一个小镇上居住着一户贫穷人家。随着一阵嘹亮的哭声，一名女婴出生了。家里实在太穷，全家没有谁有工夫来庆祝女婴的诞生。整日劳碌的爸爸甚至没有看她一眼，就更说不上喜欢她了。

小女孩一天天长大，她的脸上原先只有蚊子大小的黑痣，2岁时已变得黄豆般大小。小女孩本来说不上漂亮，再让这个黑痣一"作弄"，在人们的眼里就变得更加不好看了。小女孩开始注意到，身边的亲人和邻居越来越不喜欢她。

这是小女孩的一块心病，她变得沉默寡言，常一个人去田野上行走和发呆。

上四年级时，小女孩退学了。贫穷的家庭急需将她送到农场做工挣钱。然而，在农场里的日子也不轻松，没有人愿意同她说话。不做工的日子，小女孩便拿起一本书认真地阅读，常常忘记吃饭的时间。她渴望有一天能够继续上学，成为一名令所有人尊敬的科学家。

带着这样的梦想，小女孩一天天长大。

13岁那年，一个阳光明媚的日子，她像往常一样端坐在草地上，又沉思在书的世界里。不远处，一辆改变她命运的马车向她驶来，马车上坐着牛津大学一位著名的教授。原来这个整日埋头苦读的小女孩早就引起了教授的注意。教授的马车在小姑娘面前停下，他走下马车仔细地打量着她，又盯着那颗黑痣看了好一会儿，便对身边的人说："这小姑娘做事专心致志，双眸明亮，将来一定会有大出息。你们来看看，她脸上的那颗黑痣，事实上就是一颗难得的幸运星。"

风吹过田野的功夫，教授的话就在这小镇上传开了。人们知道了那位著名教授对这个女孩的评价之后，再见到这个女孩时，觉得她一点儿也不像从前那样令人反感。再看看那颗曾经刺眼的黑痣吧，此时在她的脸上竟增添了可爱的成分。于是，大家再见到这个平时很有礼貌的女孩时，就开始表扬和称赞她。

这样一来，女孩成了大家的宠儿，后来小镇上的人们决定出资送她去当时最好的学校读书。在大家的帮助之下，她的家再也不像从前那样贫穷。

一切的幸运，就从那天开始。然而，女孩并不知道人们为何突然对她的态度180度大转弯。也许她并不需要知道这些，总之她变快乐了，也变开朗了许多。为了心中的梦想，女孩非常珍惜眼前的学习机会，学习成绩一直很好。

随着年龄的增长，女孩脸上的那颗黑痣也越来越大了。不过，此时的黑痣对她的生活一点儿影响也没有，人们认为那是一颗幸运星，有许多男孩喜欢她甚至追求她。

此时的女孩已经从一只"丑小鸭"，变成了一只美丽的"白天鹅"。

小女孩长大后顺利考入剑桥大学，并获得了博士学位。随后，她成了当时英国爱丁堡大学最年轻的女教授。人们早已忘记了当初那个人人都嫌弃的小女孩，如今大家对她送去的只有羡慕的目光和赞美的言辞。

35岁时，她被提名为英国皇家科学院院士。但不幸的事情也在这个时候发生了，她不久后去世了。人们对她突然的去世感到非常痛心，也很意外。

后来，一位医生查出了她的死因，原来她脸上的那个黑痣里藏有癌细胞。但是这个时候，世人早不记得她脸上的黑痣，大家一致认为这颗黑痣就是一颗"幸运星"，也是智慧和才干的象征。

直到今天，英国人依然能记得她的名字：**圣安·玛利亚**。

梦想启示

中国有句成语："成也萧何，败也萧何。"此外，还有"失之东隅，收之桑榆""塞翁失马，焉知非福"等。

这些都是古老的生活智慧。假如说，有些事物是个人无法把握的，如疾病、生死，但是有一样却是我们可以去把握的——那就是生活态度和心境。无论身处何境，积极进取的心态能够为我们赢得难得的机遇。

圣安·玛利亚的一生虽然短暂，但正是她的进取，为梦想付出努力，让她度过了精彩的一生。

10 美分的奇迹

马莎·贝丽的传奇源于她创办了一所"贝丽学校",该校位于美国佐治亚州罗马市。

20世纪初,美国虽然已有了很多知名的私立学校,不过公立学校还是少之又少。当过教师的贝丽明白教育对于一个人一生的深刻影响,为了让穷人的孩子也能去学校上学,贝丽决定筹资在佐治亚州罗马市建一所公立学校,专门面向穷人家的孩子。

当时,亨利·福特在美国大名鼎鼎,他因汽车业赚了数以亿计的美金,且经常资助一些公益事业。于是贝丽便去向福特先生请求资助。

也许,贝丽来得不是时候,正赶上福特先生心情低落。当他明白眼前这个女人的来意之后,他早已没有了当捐款专业户的兴趣。于是,福特先生从口袋里掏出一枚10美分的硬币,扔在办公桌上,毫无绅士风度地说:"我口袋里只有这些钱,拿走离开这里吧!"

贝丽面对福特先生的傲慢无礼显得很从容,一点也不恼怒。当她从桌上拾起那枚硬币后就有了自己的打算。贝丽回到罗马市后,过起了一段安静的日子。她用这10美分,购买了一包花生豆,然后悠闲地将花生豆种在一片地里。每天清晨,她都去那片地里转悠一下,黄昏时分,她会拔草、锄地、浇水,过得不亦乐乎。一年之后,地里的那些花生种子已经长成了一片繁茂的花生园。

一天,贝丽再次来到福特先生的办公室,这一回她并不是来要钱的,而是大大方方地还钱。贝丽充满诚意,将几张花生园的照片与一枚10美分的硬币，一起交到福特先生的手中，然后说道："这是您去年送给我的10美分，钱虽然很少，但如果投资得当，还是能够带来丰厚的回报。"

福特先生看过照片后惊讶不已，也开心地笑了。随着他爽朗的笑声，一张签了福特大名的25000美元的支票也交到了贝丽的手中，这在当时可算是个天文数字。这时的福特先生不得不对眼前这个女人另眼相看。

事情远没有结束，在其后的几年当中，福特先生曾经为贝丽学校捐助了一幢以福特命名的教学楼和另外几幢哥特式建筑。

每次，福特视察贝丽学校时，当他看到孩子们坐在宽敞明亮的教室里专心致志地学习时，他都相信：正如贝丽所言，他的投资已经带来了丰厚的回报。

梦想启示

马莎·贝丽是一位有情商又拥有智慧、积极进取的女人。她以柔克刚，展现出了女人特有的美丽。

当然，当福特先生心情转好时，他也是一个有公益心的充满魅力的人。

所以，有时候做人迂回一点，能让事情往好的方向发展。

天才不一定能成才

1817年，**勃兰威尔**出生于英国北部约克郡的豪渥斯，他也是家中唯一的男孩，父亲是当地圣公会的一个穷牧师，母亲是家庭主妇。

聪明伶俐的勃兰威尔很早的时候在绘画和文学创作方面都表现出过人的才华，被公认为"天才男孩"。

一个并不富裕的家庭，为了培养他早日成才，勃兰威尔的3个姐妹还有父母，都节衣缩食，省下每一分钱，将他送往伦敦皇家美术学院学习。

在学院没过多久，勃兰威尔感到学绘画并不像想象的那样容易，他只努力过一次，结果成绩不理想，便放弃了。他带着灰色的心情回家了。

家里的生活有时实在无聊。没过多久，弃学回家的勃兰威尔感到文学创作很有意思。于是3位姐妹为了给他提供创作环境，1位姐姐去学校当老师，2位妹妹去有钱人家给孩子当家庭教师。她们共同赚钱，来支持他进行文学创作。

但是勃兰威尔并没有坚持太久，因为他又感觉到写作太辛苦，他也失去了写作的信心，于是放弃了。

从此学业无成的勃兰威尔开始爱上了吃喝玩乐，甚至染上了酗酒、抽鸦片的恶习，最后染上肺病，年仅31岁便去世了。

临终前，勃兰威尔回忆往事时，十分痛心，为他走过的一生感到后悔。为此，他写下了一篇《天才的悲剧》的感悟文章。

然而，一直在为勃兰威尔的人生梦想无私付出的3位姐妹，在辛劳谋生之余，还利用每一个晚上的闲暇时光，借着烛光尝试写作，追逐自己的人生梦想。

最终，在才华和天赋上比不上勃兰威尔的她们分别写出了经典名著：

姐姐夏洛蒂·勃朗特写下著名的长篇小说《简·爱》，轰动文坛；大妹妹艾米丽·勃朗特写下《呼啸山庄》，从而奠定她在英国文学史上的地位；小妹妹安妮·勃朗特写下《艾格尼斯·格雷》，受到世人赞誉。

梦想启示

天才不努力，时间一久也会变成蠢材一个，甚至连蠢材都不如，而变成一个除了酗酒、抽鸦片之外什么都不会的废物。

不论你拥有多高的才华，都必须有毅力，有面对挫折的勇气才可能成功。

人生，从来都不是冲刺一下就万事大吉的，因为它不是一场短跑，而是一场长跑。

不要给自己设限

在美国，**拿破仑·希尔**家喻户晓。在人际学和成功学等领域，他比成功学大师戴尔·卡耐基的地位更高。

希尔年轻的时候，有一次，一所学院邀请他去讲学。他受到了热烈欢迎，在学院期间，希尔接触到了很多著名人士，从他们身上学到了很多东西。正因为如此，他婉拒了学校给他的100美元报酬。

第二天清晨，院长对学生们说："我来这所学院工作已有20年了，我曾经邀请过几十位著名人士来为我们做报告，但从来没有人谢绝过我们所提供的报酬。希尔是一个例外，他对我院的邀请深表感谢，因为他说他从别人身上学到了很有价值的东西，这比报酬更珍贵。"

接着，院长对学生们说："希尔先生是一家全国性杂志的总编辑，我希望大家能多读他所办的杂志，因为他身上具备罕见的美德和优秀的品性，这是你们人生道路上所需要的，你们肯定能从他的身上学到许多课本上学不到的东西。"经院长的提醒，很多学生纷纷订阅希尔所办的杂志。在以后的两年时间中，该学院的学生和他们的朋友一共订阅了50000美元由希尔编辑的杂志。这样的结果也完全出乎希尔的意料。

后来，希尔的事业获得更大的发展。他曾聘用一位年轻的小姐当助手。当时，她的工作是听希尔的口述记录信的内容，同时替他拆阅信件、整理资料和回复他的大部分私人信件。她的薪水同其他从事类似工作的人差不多。

有一天，希尔口述了下面这句后来成为格言的话，要求这位助手用打字机把它记录下来："记住：你唯一的限制就是你自己脑海中所设定的那个限制。"

突然，一道亮光划过助手的内心，她激动地对希尔说："这句话非常有价值，我要铭记它！"希尔听后连连点头。

她原先认为自己只是希尔的一个助手，所有的工作就是完成希尔交给她的任务。如今，她决定改变这种一成不变的工作模式。

从此之后，希尔发现自己的助手在悄然发生变化。晚餐后，她主动回到办公室从事原先不属于她的工作，并且这些工作没有任何报酬。

她在帮希尔回复信件时，主动研究希尔的风格，把信写得丝毫不露破绽，就仿佛希尔本人写得一样，有时甚至更出彩。她时而会非常委婉地向希尔提一些建议，尽管这样的建议应当由更高职位的员工来提出。有时，她还会帮希尔撰写个人文稿，竟然写得比他的专职秘书还要出色。

她一直在这个职位上做了很多年，直到希尔的一个重要下属辞职为止。希尔开始寻找人选来填补这个空缺，他想到了很多人，最后认为还是这位助手最适合。此后，她多次升迁职位，希尔也多次提高她的薪水。这一切的改变只是源于一句不经意的话，还有对这句话的深刻理解。

梦想启示

不要给自己设限，认为那些没有回报的工作自己一定不要去做，这会是一种失误。

罕见的美德和优秀的品性，往往是一个人成就梦想的一对翅膀。付出不期待回报，但往往能够获得更多的回报。

事事计较报酬，你就给自己的人生设限了，也将失去本属于自己的广袤海洋。

生命的账单

现实生活中，金钱的支出，大多数人都比较留心。购买某件商品花了多少钱，办某件事用掉了多少钱，即使不像会计那样笔笔入账，但自己的心里也有一本大致的账单。但人们对于时间的付出往往不太在意。

假如有人对日常工作、生活等方面花去的时间一笔笔记录下来，列出一份"生命的账单"，肯定会非常有趣，而且会让人有所感悟，自我警醒。

法国一份名叫《兴趣》的杂志对人一生在时间支配上做过一次有意思的统计，其结果如下："站着，30年；坐着，17年；睡着，23年；走着，16年；跑着，1年零75天；吃着，7年；看电视，6年；闲聊，5年零258天；开车，5年；生气，4年；做饭，3年零195天；穿衣，1年零166天；排队，1年零135天；过节，1年零75天；喝酒，2年；如厕，195天；刷牙，92天；哭，50天；说'你好'，8天；看时间，3天。"

英国广播公司也曾委托一位人体研究专家对人的一生进行量化分析。这份统计结果更加充分，可以弥补上一份统计的某些不足："沐浴，2年；等候入睡，18周；打电话，2.5年；等人回电话，14周；无所事事，2.5年。"

从以上量化分析和推算来看，它并不是很全面。对于许多人来说，这些数字也并不具有很强的说服力和可信度，但是它还是为人们列出了一个大致的生命账单。

这份生命的账单上，时间的开支有些是必须花销的，有一些则完全可以节省。

生活中的每一天，每个人都务必清楚：我该为哪一些事情花费时间？哪一些事情则可忽略或者缩短时间？我们只有像对待金钱一样计较时间，才能在有限的一生之中做出更多有意义的事情，成就精彩的人生。

梦想启示

"一寸光阴一寸金，寸金难买寸光阴。"

这是古人对光阴的看法。在现实生活中，人们往往能够看见金钱，看得清它的数量以及它所能够交换的商品。

时间是上苍给予我们的，我们没有花任何力气就轻易得到了。因为轻易得到，因为没有花任何力气，我们往往对时间缺少认识。又由于我们看不见时间，所以对时间往往没有像对待金钱那样重视。

假如时间这张不能再充值的"信用卡"哪一天即将归零，而你人生的梦想还没去做、去完成，那将会是人生最遗憾的事。

空白答卷的苦心

在哈佛大学一座教学楼的阶梯上，一群即将毕业的机械工程系大四学生正在热情地交流着。有的说准备继续深造，有的说立马创业，有的说已经找到工作且是大公司。

怀着对4年大学教育的肯定，这些学子认为自己心理上早有充分的准备，能征服外面的世界。他们的脸上看上去全无即将参加最后一门考试的紧张。

在哈佛的4年，他们争分夺秒学习每一门功课，这让他们平添了许多自信。这是他们最后一场考试，接着就是毕业典礼，即将面对社会的心情，让人不免有些激动。他们知道，即将进行的考试只是很轻松的事情。在考试前，教授对他的学生们说，可以带需要的教科书、参考书和笔记，只要求他们考试时不要交头接耳。

学生们高兴地走进考场，等教授发下考卷，一看考卷，只有5道考题，学生们不免都兴奋起来，太简单了。

可是，3个小时过去了，当教授开始收卷时，学生们都面有难色，失去了往日的自信。这时，考场鸦雀无声，教授看着手里一份又一份考卷。

然后，教授面对全班同学，端详着他们忧郁的脸，问道："有几位同学把5个问题全答完了？"

结果，等了很久没人举手。

教授接着问："有几位同学答完了4道题？"

等了良久，依然无人应答。

教授接着说："那么，3道题？2道题？有没有？"

这时，所有同学都感到时间停止了，他们无法呼吸。

教授并不感到尴尬，仍问道："那么，1道题呢？一定有人做完了1道题吧？"

全班学生仍旧鸦雀无声。

教授放下手中的考卷，站了起来，对全班同学意味深长地说："这正是我所预料的结果。我知道，这些考题对你们来说有些难了。我只是想加深你们的印象，即使你们已完成4年工程教育，但依然会有许多有关工程的问题你们全然不知。这些你们不能回答的问题，在你们以后的工作中，不知哪一天就会摆在你们面前。所以，好自为之，每一天都有新的东西需要学习。"

空白答卷的苦心，也充分展现了这位教授的高明之处。

梦想启示

"活到老学到老"，它出自古代雅典著名政治家梭伦之口，直译为"我愈老愈学到了很多的东西"。古罗马著名政治家西赛罗说：对于聪明人和有素养的人来说，求知欲是随着年龄的增长而变得愈加强烈的。

这位哈佛大学教授对他的学生们进行的最后一场考试，并不是为了难倒他们，而是利用这个机会对他们上最后一课：活到老，学到老；学无止境。

我们在漫长的人生路上是不是也应该有这样的进取精神呢？

第八章 细节

细节，决定成败，决定梦想的实现。

有人问洛克菲勒："成功是什么?"

这位商业领袖回答："重视每一件小事，我是从一滴焊接剂做起的，对我来说，点滴会积成大海。"

当我们羡慕别人拥有大海时，我们往往忽视了拥有大海的过程，更没有关注到别人日积月累、辛勤劳作的过程。中国有句老话：水滴石穿。

细节的力量，依然超出许多人的想象。正如微笑的力量，让希尔顿旅馆成为美国旅馆业巨头。

搬椅子的智慧

20世纪90年代末，微软公司业务在中国迅速发展，他们决定在中国区高薪招聘CEO（首席执行官），一时间应者云集。

经过初试和多轮面试，有3人入围最后一轮的角逐：一个是名牌大学的博士，并有多项科研发明；另一人正在一家大公司高层任职；而第三个应聘者，任职于IBM，虽然做出过一些成绩，但她没有上过大学，更谈不上有什么文凭。

在一间大办公室，几位负责人坐在一张大桌子后面，最后一轮面试开始时，他们这才发现忘记了给应聘者搬一把座椅。

工作人员正要去搬椅子，一位面试官开口说："这样也好，就不搬椅子了。"

那位博士第一个走进去面试，面试官说："你好，请坐！"

博士环顾四周，发现并没有椅子，脸上的笑容立刻变成了茫然和尴尬。

这时，另一位面试官说道："请坐下来谈。"

博士更加尴尬了，他说："没关系，我就站着谈吧！"

没过一会儿，博士的面试就结束了。

第二个走进去的是那位大公司的高管，面试官对他说："请坐下来谈。"

这位高管微笑着说："这儿没有椅子，大概是工作人员疏忽了，没有关系，我还是站着谈吧。"

一位面试官故意做惊讶状，说："请原谅，这是我们的疏忽。"

这场面试也没有进行多长时间就匆匆收场了。

最后面试的是自然是那位女士，当她听到工作员喊道："**吴士宏**，请进去面试。"

吴士宏便起身，走进了那间大办公室。一位面试官对她说："请坐下来谈吧。"

这时，吴士宏发现没有椅子，便笑道："您好，我能去外边搬一把椅子进来吗？"

那位黄头发的外国人耸了一下肩，轻松地说道："为什么不呢？"

这次面试谈了近一个小时。

最终，吴士宏被录取了。1998年2月，吴士宏正式成为了微软大中华区CEO。吴士宏学历最低，甚至没有上过大学，又是一位女士，许多人对此提出了疑问：她能够胜任这一重要职位吗？

微软中国公司负责人给出了自己的答案：连自己搬一把椅子的勇气都没有，这样的人怎么可能开拓市场呢？没有自己的思想和见解，一切的经验和学识都会是那样苍白无力。

事实也证明，他们的判断完全正确。仅仅用了7个月时间，吴士宏就完成了当年销售额的130%，成功帮助微软打开了中国市场。

梦想启示

伟大的哲人老子说：天下难事必作于易，天下大事必作于细。

细节决定成败。有时，细节也决定人生的高度。

因此，有人总结道：细节是一种创造，细节是一种功力；细节表现修养，细节体现艺术；细节隐藏机会，细节凝结效率，细节产生效益，细节是一种征兆。

可以说，细节是我们成长过程当中必不可少的"维生素"，注意细节，懂得细节，我们的人生才会更健康，未来才会更光明。

让她们带走香味

2004年4月25日，**雅诗·兰黛**的心脏停止了跳动，她是一个至死不肯透露年龄的奇女子。雅诗·兰黛建立了自己的化妆品品牌，创造了她的化妆品帝国。

雅诗·兰黛成功地左右了时尚界数十年之久。她创造了一款香水，成就了香水界的一段佳话。

最初，她进军法国市场时，遇到前所未有的难题。雅诗·兰黛的产品在美国市场上取得成功，并未遇到太大障碍，当它远征欧洲大陆的时候，一向为欧洲时尚引领者的法国就成为她的第一个突破口。然而，法国人天生有着时尚眼光和独特的品位，他们从骨子里看不上美国的化妆品。

当雅诗·兰黛的香水摆上法国的化妆品柜台时，挑剔的法国人根本没有用正眼看它，甚至连好好瞧它一眼也没有做到。只有那些爱占小便宜的小市民，假装前来试用该款产品，倒是愿意倒很多香水在身上，然后扬长而去，甚至一些人还会隔三岔五前来"试用"。慢慢地，店员们有些看不惯这种行为，她们开始向雅诗·兰黛抱怨，并向她献计献策，想方设法来制止那些贪图小便宜的人。

店员们你一言我一语，认为应当在店里张贴一些警示标语：

"法国是一个文化大国，请做一个有教养的人！"

"本店设有监控设备，请自重！"

"贪婪，是七宗罪之一！"

然而，雅诗·兰黛有自己的看法，她说："不，不，我们不需要这样做。

我们不但不张贴警示标语，反而要想尽办法让这些人前来试用香水，不要在乎她们占的那点小便宜。"

对此，雅诗·兰黛给出了自己的理由："正是这些贪图小便宜的客人会把香味带给真正的买家。"

没过多久，店里的客人渐渐多了起来，不但买走了香水，还有不少顾客将它推荐给了自己的朋友。

雅诗·兰黛就是巧妙地处理了这样的细节问题，迅速打开了法国市场。

梦想启示

雅诗·兰黛的成功，无疑能够给我们许多启示，眼睛不要只盯着自己的那一点"损失"，还要看到它的"社会效应"。

有句古语说得好：舍得。有舍有得，不舍不得，大舍大得，小舍小得。舍得，是一种人生智慧和态度。

机智的暗示

"不许喊叫！否则，我就开枪打死你！"

杀人犯用手枪顶着惊愕万分的**珍妮·劳拉**。

珍妮·劳拉做梦也不会想到，她刚刚在电视上看过一则新闻："悬赏通缉抢劫杀人犯霍勒斯·波特的通告"。

而在此时，这个被通缉的杀人犯却借助夜幕的掩护，闯进了她居住的别墅。珍妮吓得直哆嗦，脚不由自主地往后挪。

"小姐，别害怕！你只要按我说的老老实实待着，我就不会伤害你。"这时，杀人犯一边说，一边伸出手来将门窗都关上了，随后又从冰箱里拿出几块三明治，坐在珍妮的身边大吃了起来。

杀人犯开口问道："漂亮的小姐，你是一个人待在家里吗？赶紧把钱拿出来吧！"

珍妮一个劲地摇头。杀人犯却看见了她手上戴着的那枚宝石戒指，就一把将它摘了下来。

这时，门外响起了刺耳的警笛声，随之而来的是由远而近的急促脚步声。有人敲门，杀人犯脸色顿时阴沉下来，他用手枪抵着珍妮的后背，细声说道："你就说你已经入睡了，有什么事明天再来！"

珍妮点了点头，问道："谁啊？"

门外的人说："我是刑警史蒂文斯，请问珍妮·劳拉小姐，你这儿有可疑的人来过吗？"

珍妮最大限度地克制住恐惧，强作平静地说："没有人来过，我丈夫刚刚从华盛顿演出回来，您托他买的物品买好了。不过，史蒂文斯先生，我丈夫正在浴室洗澡，您还是明天再来找他吧！"

刑警史蒂文斯不禁一愣，因为他认识珍妮多年，知道她根本没有结婚，哪有丈夫呢？他立刻反应过来：珍妮是在暗示他，她正受到威胁，暗示着那个抢劫杀人犯霍勒斯·波特就在她的家里！

为了让对方放松警惕，史蒂文斯也机智地说："那好吧，谢谢您，我明天再过来看望你们。不打扰了，晚安！"

一阵脚步声渐渐远去，杀人犯紧张的神经也放松下来。于是，他又去冰箱找来一堆吃的，然后又在柜子里取出一瓶威士忌，边吃边喝。

突然，大门被人踢开了，史蒂文斯带着两个荷枪实弹的人冲了进来。与此同时，玻璃窗也被大锤击碎，从外面伸进几支枪。

珍妮呢，她一直想办法与杀人犯保持两三米的距离，门被踢开的瞬间，她就跑到一边去了，杀人犯再想拿她当人质，为时已晚。

杀人犯霍勒斯·波特，就这样被珍妮·劳拉送到了他该去的地方。

梦想启示

在慌乱中保持冷静开动脑筋，急智往往会在这个时候出现。

遇险后慌张只会让自己的处境更加危险。

有时，需要不"按常理出牌"，让接收到你信息的人能读出其中隐含的矛盾和信息，才能获得帮助。

最美的尖啸声

凌晨两点一刻，丹麦首都哥本哈根市还沉浸在一片沉睡之中，市消防报警中心的电话突然响起。

一位在消防报警中心见习的消防队员正在值班，他熟练地拿起电话筒，如往常一样说道："喂，您好！这里是哥本哈根市消防报警中心，请问您需要什么样的帮助？"

随后，见习消防队员听到从电话另一端传来微弱的声音："您好，报警中心，我刚才不小心摔了一跤，我年岁很大了，就摔在自家的地板上。"

很快，见习消防队员已确认电话另一端是一位年迈的老妇人，于是问道："请问您身边还有其他人吗？比如儿女，或者保姆？"

不过，电话另一端并没有立刻传来回应，见习消防队员又询问了一遍，过了一会儿，老妇人才回答说："很长时间，我都是一个人生活，以往从来没有出现过今天的这种情况，也许我真到了认真考虑请一位保姆的时候了。"

老妇人的声音越来越虚弱，见习消防队员不敢怠慢，赶紧追问道："请问您摔得严重吗？您能说一下哪里受伤了吗？"

老妇人并没有正面回答，她呻吟道："现在……我感觉头……很晕……"

见习消防队员已经感觉事情越来越不妙了，因为老妇人的声音越来越微弱，且断断续续，他急忙想获得重要信息，问道："请问您住在哪个街区？门牌号是多少？"老妇人回答道："我忘记了！"

见习消防队员随即联系电信局，希望能够通过电话号码来获得老人的地址，不过那需要一连串技术操作，然而现在凌晨两点多，值夜班的人很少，根本无法快速得到准确信息。束手无策的见习消防队员只好叫醒刚刚入睡的中尉。中尉立刻拿起电话："夫人，您还在流血吗？感觉到疼痛吗？"

"不疼，不过身体瘫痪了，两腿动弹不得……脸上全是血……"

"您既然能看得见，能告诉我地板是方砖，还是镶木地板？"

"是老式镶木地板，需要打蜡的那种。"

"天花板高吗？"

"很高。"

"这样说来，您住在老式房屋里。百叶窗关了吗？"

"开着的。"

听到这里，中尉兴奋地对身边的见习消防队员说："立刻去寻找一幢老式房子，窗口有灯光，大约二三层。"

随后中尉再对着电话筒询问时，电话的另一端已经出奇的寂静，老妇人像突然消失了一样，不过电话依然是通着的。当时，所有在场的消防员都期待着从电话筒里传来老妇人说话的声音，一刻钟过去了，半个小时过去了，一个小时过去了，电话的另一端始终无声无息。显然，老妇人已经晕了过去。如果不能及时援救，那个已摔伤的老妇人很可能会出现生命危险。所有人员已做好各种救人的准备：消防车和急救车随时准备出发。然而最重要的问题无法解决，那就是没有人知道这位老妇人家住何处。

所有人冥思苦想之际，见习消防队员看着窗外的一辆应急消防车，突然想到了一个绝妙的办法，当他将自己的想法告诉中尉时，中尉欣然同意按照他的方法展开救助。

寂静的凌晨时分，哥本哈根市的各个街区突然响起了消防车尖锐的警笛声，整个哥本哈根市的市民都被这一阵阵尖啸的警笛声惊醒了，人们纷纷打开房灯，想弄明白附近究竟发生了什么事情。一直拿着电话听筒的中尉突然兴奋地叫了起来："我听到消防车的声音了！我听到了！一定有一辆消防车，就在老妇人居住地附近。"

紧接着，指挥中心传达命令："1号消防车停止鸣笛。""2号消防车停止鸣笛。"……

当12号消防车停止鸣笛时，中尉立刻做了一个停止的手势，因为他听到电话的另一端刚才的阵阵警笛声也停止了。于是，指挥中心通知12号消防车："晕倒的老妇人就在你们附近，请用扩音器向那里的居民说明事情经过，请他们都关掉自家的灯，剩下的那个没有关灯的房间，一定就是老妇人的家。"

很快，消防队员找到了这位72岁的老妇人，将她送到医院。因为抢救及时，老妇人已从昏迷中清醒过来，她的摔伤也得到了很好的救治。

那天清晨，哥本哈根市的消防报警中心接到了许多市民打来的电话，他们询问并关心老妇人病情。还有不少市民打来电话说："今天凌晨，响彻哥本哈根市的警笛声，是我一生当中听到的最优美的声音。"

梦想启示

越是紧急的关头，越需要冷静，不放过一个细节。

对生命的关爱，对生命的珍视，这样的故事总是具有巨大的力量，深深打动我们的内心，让我们感到温暖、亲切。

做好最温馨的细节，就是对每一个生命的敬重。

沉着应对

第二次世界大战期间，法国军人雷诺在马其诺防线被德军攻陷之后，成为德国人的俘虏。雷诺夫人只好带着两个年幼的孩子生活。

为了把德国强盗赶出自己的祖国，雷诺夫人同12岁的儿子雅克、10岁的女儿**杰奎琳**，一起参加了当时抵抗德国的秘密情报组织。

一天深夜，3个德国军人闯进了他们的居所，其中一个军人是本地区情报部的中尉。3个德国军人坐下来后，其中的少校军官就着昏暗的灯光，吃力地看着一张揉皱的报纸。

这时，那个情报部的中尉看到桌子旁边有一根蜡烛，便顺手拿过来点燃，放在正在看报纸的长官面前。然而，那是一根藏有情报的蜡烛。情况瞬间变得危急起来，雷诺夫人十分清楚，蜡烛燃到铁管处就会自动熄灭，里面藏着的情报就会被敌人发现，这也意味着母子3人的生命即将结束。

随着蜡烛燃烧变短，雅克和杰奎琳的小脸越发苍白。这时，雷诺夫人急忙从厨房拿来一盏油灯，放在桌上，说："瞧瞧看，先生们，这盏灯更亮一些。"接着，雷诺夫人轻轻地把蜡烛吹灭，一场危机似乎要过去了。然而，没过一会儿，中尉又将那只蜡烛重新点燃，说道："这么黑的天，多点一支蜡烛会亮堂些！"

此时此刻，蜡烛发出的微弱的光，仿佛是这个房子里最可怕的东西。雷诺夫人的心狂跳不止，她仿佛察觉几个德国军人睁着恶狼般的眼睛，盯着越来越短的蜡烛看。假如这个情报中转站暴露，后果极其严重。

在这千钧一发的时刻，12岁的雅克缓慢地站了起来，说："天真冷啊，我去柴房搬些柴来生火吧。"

雅克一边伸手端起烛台，一边走向门口，房子顿时暗了下来。中尉一个箭步上前，将烛台夺了回来，并且呵斥道："难道你不用灯就不行吗?"

时间一分一秒地过去，显得漫长而凝固，然而蜡烛似乎仍然在很快地变短。忽然，小女儿杰奎琳开口娇声地对德国人说道："司令官先生，天晚了，楼上黑，我可以拿一盏灯上楼睡觉吗?"

少校抬起头来，看着这个可爱的小姑娘，顺手将她拉到身边，亲切地说："当然可以，我的女儿也像你这样大。来吧，我给你讲讲我家的路易莎，好吗?"

这时，杰奎琳仰起小脸，微笑着说："那太好了，司令官先生。不过，今晚我的头痛得厉害，我想早点休息，下次您再讲给我听好吗?"

"当然可以，小姑娘。"少校很绅士地说。

杰奎琳镇定地将烛台端了起来，向3位军官道了一声晚安，独自上楼了。当她踏上最后一级楼梯时，蜡烛熄灭了。

✦ 梦想启示

冷静，沉着，对于身处险境的人们来说，那一定是拯救自己的两件法宝。

冷静，能够让自己看清形势，明白自己所处的位置，从而保持镇静而不至于惊慌得露出破绽；沉着，则能够让人产生积极的思考，从而找到解决问题的方法。

在这一点上，仅有10岁的小女孩杰奎琳，无疑是做得非常棒的。

装点生活

第二次世界大战波及全球绝大多数国家，给世界各国人民带来了极大的创伤。

战后，身为战争发起国的德国，到处都是战争留下的废墟。

美国社会学家**戴维·波普诺**决定前去考察。他带了几名同行人员，看望了住在地下室的几户德国居民。

地下室里的气氛是压抑的，那里阴暗、空气不流通而显得污浊。离开地下室后，戴维·波普诺一直在关心一个重要问题，他问同行人员："你们看，像他们这样的处境还能够振兴起来吗？"

"很难说啊！"一名同行人员感叹地答道。

"不，他们一定能够振兴！"戴维·波普诺十分坚定地纠正道。

"为什么呢？"同行人员不解地问。

戴维·波普诺若有所思地看了一眼他们，询问道："你们在访问每一户人家的时候，除了看到他们餐桌上缺少食物之外，还看到他们桌子上都放了什么吗？"

这时，同行人员似乎想起了什么，异口同声地说："一瓶鲜花。"

"那就对了！"戴维·波普诺说，"任何一个民族，处在这样困苦的境地，还没有忘记爱美之心，用一瓶鲜花来装点生活，那就一定能在废墟上重建美好家园。"

梦想启示

让美来装点生活，我们就会对生活多一份信心，无论我们身处何种境遇。

有人说：世界上没有绝望的处境，只有对处境绝望的人。因为，那些看似绝望的处境，会随时间而改变；昔日的废墟，会变成今日的花园。

在生活中，你还为自己一时的困境而忧虑吗？让一瓶鲜花，一份梦想，来驱散那些阴云吧。

吝啬的好处

在许多人的眼里，加拿大地大物博，人口稀少，是一个富裕的国度，那里的人怎么也不可能是吝啬的。也许你不会相信，在首都渥太华一个叫**达希·珍**的"吝啬专家"，她自费出版了《安全守财奴月报》，另一个叫尼克森的"吝啬专家"，则在渥太华西郊的家里编辑出版《吝啬家月报》。

达希·珍是如何教人节俭过日子，又是如何为读者提供省钱致富的秘诀的呢？她说："赚钱渠道有两个：一是'去寻找更高薪酬的职业'，二是'多节省点钱'。"

她举例说道："在加拿大，一位部长级的官员年薪虽然有15万加元，但这位官员如果为了维持高官的排场，花在衣着、应酬、保险、停车、豪宅上面的钱加在一起，说不定已经超过他的薪酬，消费过高会导致入不敷出。

"假如，日子过简单一点，虽挣钱不多，反而能存下不少的钱。许多有钱人不会住在最耀眼的高档别墅区，而通常会住在普通公寓区；也不会开豪华车，并且不到最后关头也不会换新车。显然，有钱人更懂得节省和投资。"

最后，达希·珍强调："你节省下来的1元钱，远远大于你赚进的1元钱。"

来看看另一位"吝啬专家"尼克森吧！他所编辑的报纸专门用来传播勤俭致富的方法。每到周日，尼克森主持CFRA电台的一档《省下来就是你的钱》节目，同听众一起分享吝啬之道。

尼克森在《吝啬家月报》里，为读者提供了10项省钱致富的小秘诀：

第一，每一次都要从收入当中拨出部分存款，5%、10%、25%都可以，反正一定要存。

第二，搞明白你的钱，每天、每周、每月都用到哪里去了？要详细列一份预算与支出清单。

第三，信用卡只需保留一张，能够证明身份就可以，欠账每月都要及时付清。

第四，每次购物之后，要检查、核对所有的票据，检查商家有没有多收费。

第五，自备盒饭上班，这样每周可节省45加元午餐费，每年省下2200加元，可以用来付房子贷款或存作退休基金。

第六，与人共搭一辆车或乘大众交通工具上下班，节省停车费、汽油费、保险费、耗损费，以及停车时间。

第七，有时间要读一些有关投资、修理、致富的实用手册，最好从图书馆借，或从网络下载，省钱。

第八，简化生活，房子不需要太大，买二手汽车，到廉价商店、拍卖场、搬家大贱卖等地方购物。

第九，购物时，需要问一句"花这钱值不值得"，便宜货不见得划得来，贵也不能保证品质就好。

第十，绝对要杀价，假如你闭口不提，店家是绝不会主动减价卖给你东西。

梦想启示

从学习知识，到学会技能、精通某个专业而获得的挣钱能力，大概得20年左右的时光。所以每一分钱的获得，都付出了我们艰辛的劳动。

现代社会，挣钱能力很重要。同样，如何更好地利用自己辛苦挣到的钱，让生活品质更高，则是一项更考验眼光的能力。让所获得的金钱增值，更长远地服务于自己和家人，是考验一个人的理财能力的问题。

生活中，人们很少注意文中提到的细节。也许，加拿大这两位"吝啬专家"的故事，能给年轻的我们提供很好的帮助。

第一眼的依恋

康拉德·劳伦兹是奥地利动物学家、鸟类学家、动物心理学家，开创了现代动物行为学。

在他的动物实验场里，养了许多小动物，其中有灰天鹅。

有一次，他在观察小灰天鹅破壳出生时，发现了一个奇怪的现象：小天鹅从蛋壳里爬出来，第一眼看见什么动物就把什么动物当妈妈。如果出生时老天鹅在眼前，它就认定老天鹅是它妈妈；如果是母鸡孵它出壳，它就跟着母鸡走；假如出生时只有康拉德在看它，那么小天鹅就把康拉德当妈妈了，不论他走到哪里，身后总跟着一群摇摇晃晃的小天鹅。

康拉德去游泳，小天鹅也跳进水里，并亲亲热热地吻他的头发和胡子，所以人们给他取了个绰号，叫"长胡子的鹅妈妈"。

康拉德又做了一个实验，假如小天鹅出生后与外界隔开，过了几天再让别的动物去接近它，小天鹅就再也不要妈妈了，即使老天鹅去也不加理睬。他把这种现象称为"母亲印刻期"，也称为"关键期"。

小动物出生后，都有一个"母亲印刻期"，本能地追随母亲；如果母亲不在，就会追随别的动物或玩具，从此不认自己的亲生母亲。

只要有心，发现无处不在。动物行为学家康拉德·劳伦兹，因为发现这个规律而荣获1973年诺贝尔生理学或医学奖。

梦想启示

康拉德·劳伦兹是世界动物行为学研究的鼻祖。

他在研究中发现，如果小猫在睁开眼后的一个短时间内和鼠在一起生活，待小猫成年后，即使是在饥饿状态下它也不会吃鼠；小羊出生后10天内由人抚养，它以后永远不会合群。由此看来，人生的最初环境对人的影响何其之大。

这些值得警惕。

第九章 创意

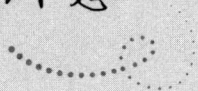

创意，为梦想的实现提供新思维。

一个犹太人和一个印第安人，各有50万美元的债券，想让银行替他们保管。犹太人灵机一动，将这批债券作抵押向银行申请1美元的贷款。他每年只需付出6美分的利息，这样他既可以省下大笔保管费，又达到让银行替他保管债券的目的；印第安人则十分老实地向银行申请保管那批债券，结果，他必须支付一大笔数目不菲的保管费。

这是个很有创意的故事。不走寻常路，并不是让你离经叛道，而是让你锻炼自己的想象力和想象空间，在学习和工作中打破自己的惯性思维，打开另一条思路。

一个人是否具有创造力，是一流人才和三流人才的分水岭。

听从内心的声音

年轻人**杰雅**终于实现了做画家的梦想。像许多艺术家一样，在内心的成长历程之中，她还没有获得足够的自信。

有一次，杰雅在画完一幅画后拿到展厅去展出。她突然想到一个主意："何不借用这次展出，让参观者在观看画的同时也对我的绘画作品不足之处提出意见呢？"

于是，杰雅特意在她的画旁的桌子上放了一支笔。这样，每一位前来观赏画的人，如果认为此画有败笔和不足之处，都可以直接拿起笔，在那幅画上修改或圈点。

当天晚上，杰雅满怀期待地去取画，结果让她非常失望，也让她的自信心深受打击。原来，杰雅发现她的整个画面都被涂满了记号，没有一处不被指责的。

一次饮酒后，她的失望之情彻底流露了出来。朋友见状，为了让她重拾信心，告诉她不妨换一种方式试试。于是，杰雅临摹了同样一张画再次拿去展出。不过，这一次杰雅要求每位观赏者如有兴趣，能将最欣赏之处标上记号。

当杰雅再次取回画时，她发现画面也被涂满了记号。尤其令人不解的是：一切曾经被指责的地方，如今都换成了赞美的标记。

杰雅把前后两幅画拿在眼前看了良久，突然悟出了一个重要的人生道理："无论你做什么事情，都不可能让所有的人都满意，因为在一些人看来是丑陋的东西，在另一些人眼里或许是美好的。看来，坚持自己很重要，听从你内心的声音。"

梦想启示

听从内心的声音，你才能成为你自己。我们希望从外界听到赞美的声音，希望以此为前进的动力，这往往不可靠。因为在你希望听到赞美的声音的时候，很有可能听到的是批评的声音。所以，真正的力量往往来自于内心。

那么如何才能说服自己听从内心的声音呢？有一个好办法，就是找到你的梦想、理想。

拍卖师手中的琴

有一次，纽约一场旧物拍卖会上，拍卖师拿起最后一把看起来十分破旧、外形也磨损得很厉害的小提琴。他拨动琴弦，发现这把小提琴已经严重走调。

拍卖师无奈地看着小提琴，微微摇头，开始出价。

拍卖师喊道："10美元。"没有人应答。

接着，拍卖师喊道："5美元。"还是没有人响应。

拍卖师无奈地喊道："3美元。"台下仍然一片安静。

最后，这把小提琴一路降到了0.5美元。拍卖师高声喊道："0.5美元！0.5美元！哪位要啦？"

这时，一位满头白发的绅士走上台，他想看看这把琴。老绅士拿出一张绢纸，细心擦拭琴上的污痕和灰尘，然后认真细致地给每一根弦调音。

一切完成之后，老绅士站到台中央，将那把破旧的小提琴轻轻放在肩上开始演奏。美妙的旋律从那把破旧的小提琴上流淌出来，所有的人顿时被吸引住了，都在侧耳倾听他们难得听到的最美妙的音乐。

拍卖师顿时心中有数，再次出价。结果，那把几乎要被扔掉的小提琴身价从0.5美元一直攀升到6000美元。

梦想启示

一时处境，外在的形式，往往会影响一件事物的价格。但这绝不意味着一件事物，或者一个人的价值。

如果你的内心有宝贝，你就永远不会失去人生高贵的价值。一时的处境艰难，一时的挫折，只是将你的价值隐藏得更深。要像老绅士一样，细心擦拭污痕和灰尘，然后认真细致地给你内心的每一根弦调音。人生的美妙旋律，自然会再次流露出来。

当瓶子有了把手之后

像许多新为人父母的人一样，**比尔·坎姆贝尔和尼克依·坎姆贝尔**这对年轻的夫妇，十分溺爱他们刚出生的女儿玛丽。

有一天，来看望孙女的祖父雷克斯先生忽然发现小玛丽根本无法抱住奶瓶，便不无关心地说道："总有一天，会有人在这些奶瓶上安上一个把手，这样宝贝们就会很容易拿住它。"

听到父亲这样的高论，比尔和尼克依非常吃惊，都认为这是个了不起的想法。他们想："为什么我们不来制造这种瓶子呢？"

于是，比尔便开动脑筋，用建筑黏土捏出了各种各样时尚的瓶子。夫妇俩把这些用黏土做成的瓶子，送到宝贝女儿玛丽面前，看女儿是否能够拿住它。然而，这种带一个把手的瓶子还是不太好拿，其他的设计也不成功。

后来，比尔捏了一个形状像拉扯过的油炸圈饼一样的瓶子。这个瓶子有两个把手，每个把手里面是空的，能够盛流质。

于是，坎姆贝尔夫妇掏钱，来到阿肯色州一家公司，让它为他们制造了一个塑料模子。接下来，他们又来到佛罗里达州，找到了一家愿为他们制造这种新颖的瓶子的公司。

在一次用户调查中，坎姆贝尔夫妇得到这样的反馈："他们制造的这些瓶子，色彩艳丽但不透明，而父母们都想看到瓶子里面的东西。"

坎姆贝尔夫妇立刻更改设计，改为透明的瓶子。这种奶瓶生产出来之后，仅在6天的时间就销售了5万个。

又过去了几个月，他们的产品需求很大，所以他们生产了很多，并租了一个大仓库，作为自己产品的存放地。第一年，他们的销售额达到了150万美元。

一个美妙的想法，改变了一家人的生活。

梦想启示

每一天，在我们的身边，都会出现许多声音。这些声音所承载的信息，我们是否能够从中筛选出对我们的学习、工作和生活有用的东西呢？

如果能够做到，从某种意义上说，这是一种可持续的学习能力。有了这样的能力，我们在社会上就能立于不败之地。

只是一点点改变

欧美社会常常会举行舞会、宴会、生日会、庆祝会，人们对此都非常重视。

每次，来宾们都会穿着讲究，尤其是女士们穿的晚礼服要款式新颖、雍容华贵。然而，即使再名贵的衣服，接连几次在多个社交场合出现，也会被之前见过的来宾窃窃私语，让穿此衣服的女士脸上无光。

因此，价格再昂贵的礼服，也只有一两次出风头的机会。只有不断更换，才能博得人们不断的赞美。这样的生活习俗不但使普通民众无力应付，即使是有钱的太太也会感到烦恼。然而人们也只得勉力为之。

伦敦一位名叫**乔安娜·多尼格**的服装设计师，详细调查了这一社会现象。她同时征询过许多女士的意见之后，开始筹集一笔资金，专门定制由欧美设计名家们制作的各种款式的名贵礼服。平均下来，她所定制的每套服装的价格都在千元以上，她便以这些服装开展租赁业务，每套服装租出一夜收费百元左右。

这对需求者来说，她们只需付买一套衣服的1/10的价钱，就能租用一套时尚的礼服。事实上，这样能够帮她们节省费用。因为买一套衣服，她们充其量穿3次就要闲置了，而花同样的价钱如今却可穿10套式样各异的服装。于是，乔安娜·多尼格的租赁店生意非常兴隆。

对于乔安娜来说，她的各种服装只要租出10次就会收回成本，接着租出去的就是利润了。显然，每套服装只穿10个夜晚，依然是崭新的。

这样，乔安娜获得了丰厚的利润，她的服装租赁业务也越做越大。她在伦敦先后开了两家租赁店。随后，她飞往美国纽约，开设了自己的分店。后来，乔安娜的业务范围除了经营晚礼服的租借业务外，又扩展到包括首饰等配饰，最后乃至男士服装等业务。除正常款式之外，她还设计了特胖和特瘦的服装，以及孕妇、残疾人的专用服装等，因而登门租赁服装的顾客更多了。

1986年，在安德鲁王子结婚的舞会上，出席此次高级别婚礼的女士当中，就有不少穿着的服装和佩戴的首饰是由乔安娜的租赁店提供的，这是不是很有趣呢？

如今，乔安娜以租赁服装创下了一片属于自己的天地，她也由一名普通的设计师成了富豪。

梦想启示

曾经的服装设计师乔安娜，如今依然从事服装行业。她不再是设计师，但她依然整天与服装打交道，打理她的服装租赁事业，她的人生也因此发生了巨大改变。

一点点的改变，却带来人生的巨大转变。这一点改变，便是能够撬动地球的那个"支点"。

你找到属于自己的那个"支点"了吗？

200 万美金买来一句良言

2000年，韩国总统金大中因促成朝韩两国首脑的首次会谈而获得诺贝尔和平奖。韩国某财团经过一番商讨，准备向金大中总统献一份礼物以示祝贺。在选择什么礼物上，他们颇为为难，这时有人提议："赠人以良言，胜过赠人以珠宝。"这个方案很快被通过了。

于是，他们确定赠人以良言的方向：为了进一步发展和完善韩国民主制度，花重金购买美国发展和完善民主制度的经验，并以此为厚礼，献给金大中总统。

韩国某财团找到了英国剑桥大学的纽纳姆学院，将这一课题交给了它。因为这所名校在总结历史经验方面具有非常高的知名度。

纽纳姆学院接到韩国财团的课题后，随即在汗牛充栋的资料中追本溯源，从美国当代的民主制度，一直研究到美国第一任总统华盛顿的民主建国思想。他们在研究华盛顿民主建国的思想来源时，追溯到了"一棵苹果树"的故事。

14岁时，华盛顿准备在他居住的弗农山庄栽一棵苹果树。父亲看见后说："假如你想在未来吃到苹果，就应该把它种在有阳光的地方，以后还要不断地给它浇水施肥。"父亲转身离开时，又回过头来说："如果你能帮助别人得到他想要的，你就能得到一切你想要的。"

纽纳姆学院在它的研究结论中强调指出：史料上明确记载，在1787年费城立宪大会上，华盛顿曾反复使用他父亲当年说过的这句话。也正是这句良言，对华盛顿一生的奋斗方向产生了影响，促进了美国民主制度的诞生——

这句话正是美国民主制度完善的精华和核心。

事情终于有了结果，该财团向纽纳姆学院支付了200万美元，买下了华盛顿在苹果树下听到的这句话："如果你能帮助别人得到他想要的，你就能得到一切你想要的。"

随后，财团将这句良言作为礼物赠送给了金大中总统。此消息一出，在韩国立刻引起强烈反响，有识之士高度评价了这件事情。他们认为，这200万美元物有所值，这句良言对进一步发展和完善韩国的民主制度具有重要的指导作用和推动作用。为此，不少韩国国民竟然自动捐款给这家韩国财团，财团的股票也直线上升。

从此，200万美元买来的这句良言家喻户晓，许多韩国人也将此作为指导自己生活的行为准则。

梦想启示

"如果你能帮助别人得到他想要的，你就能得到一切你想要的。"

韩国财团敢花200万美元买良言，这是它们的创意；纽纳姆学院从浩如烟海的资料中能找到指导韩国国民的良言，这是它们的创意。创意让人生出彩，让人生丰满。

让垃圾桶说话

荷兰是一个美丽的国度，以海堤、风车、郁金香和宽容的社会风气闻名于世。

有一次，某国元首去荷兰一座城市访问，访问行将结束之时，该市市长设盛宴欢送贵宾。席间，市长充满诚意地说："总统阁下，您到本市许多地方参观，一定发现我们在市政建设及其他各项工作中存在不少弊端吧，恭请总统阁下坦率地予以指点。"

这本是一句客套话，用在外交场所上。然而，那位总统是个直率的人，他开诚布公地说："尊敬的市长先生，来访问荷兰之前，我就听说过贵国是一个花园之国。可是此次访问贵市，所到之处，看见的垃圾堆远多于鲜花丛。"

总统话音刚落，立马引起新闻记者们一阵哄堂大笑。站在一旁的市长面红耳赤，十分狼狈。

从此，市长将解决乱丢垃圾的问题当成当局首要工作，并且亲自责成市卫生部门拿出具体办法。

很快，市卫生部门出台第一个细则，对乱堆乱放垃圾的市民一律罚金25元。然而，一些市民认为这样的处罚只是小钱，并不在乎，垃圾依然像往常一样到处乱抛。于是，当局决定将罚金提高到50元。人们白天怕罚款，就借夜色的掩护将垃圾倒在街上然后跑掉了事。

靠罚款解决不了这个问题，卫生部门只好进一步采取措施，决定增加街道巡逻人员，勒令倒垃圾者务必把垃圾倒入垃圾桶里。然而，卫生巡逻的人数再多，也抵不过街道地域的宽广。那些没有觉悟的居民开始跟巡逻队员捉起迷藏来。这种带有强制性的措施依然达不到明显效果。

卫生工作人员绞尽脑汁，也没有想出可行的办法来。

"如何才能根除乱倒垃圾的行为呢？"卫生部门的领导开始忧虑起来，这样下去无法向市长交代。

一天，一个潇洒的年轻人来到卫生部门领导办公室，他十分有把握地说："我有一个办法，能解决目前乱倒垃圾的问题。"

两周之后，该市居民交头接耳，相告一桩奇事：本市的垃圾桶会讲话，而且讲得很有趣。

这个消息很快在街头巷尾像插了翅膀流传。那些不知详情的人都怀着好奇心，宁愿多走几步将垃圾倒入垃圾桶中。每次，市民倒垃圾时，往往会被垃圾桶讲的笑话逗得前俯后仰，一到家便向家人讲起刚才的笑话，结果又引起一阵大笑。

原来，那位年轻人的妙计是：设计一种电动垃圾桶，并在桶上安装感应器，每当垃圾丢进桶里，感应器就启动播出一则事先录制好的笑话，并且笑话每周都更换，不同的垃圾桶，笑话也不同。

于是，充满幽默感的垃圾桶悄悄治愈了一些市民乱抛垃圾的毛病。

梦想启示

如何引导人们的行为呢？强制措施有时并不能取得良好的效果。因为一旦人们内心产生抵抗情绪，那些强制措施就会显得苍白无力。

良好的创意，往往是非常人性化的，也会取得人们料想不到的结果。

不走寻常路

有一家饭店，生意一直不太好。一天，一位客人来饭店吃饭，见老板很客气，但眉间透着几丝愁容。

客人便与老板闲聊，问明原因，老板便拿来一瓶酒与客人饮了起来，诉苦饭店生意不好，女儿上学正用钱，他不知如何是好。客人也为老板处境担忧，便在他耳边嘀咕了一番。老板听后连连点头。

第二天，老板就在门外摆了一个很大的酒桶，上面贴有一张醒目的红纸条："不可偷看!"

路过的行人见状，都为酒桶上的那几个字好奇，禁不住停下脚步伸头朝里张望。这不看则已，一看就笑了起来。原来，这家饭店里面还有一个大酒桶，桶壁上又写了一行字："不看白不看，本店有清醇的生啤免费赠送，请您尽情地享用。"

顿时，勾起了人们走进这家店坐一坐的欲望，饭店的生意自然兴隆。

这样的事情在另一家饭店也上演过。那家饭店一直默默无闻地经营着，生意勉强维持。

有一天，老板灵机一动，决定自救，就在他家的店门挂起了一个大牌子，上面写了几个醒目的大字："全美最差的饭店"。

从这家饭店门前走过的人都感到不可思议，就走进去看个究竟。人们来过以后才发现这家饭店的饭菜，色、香、味其实都是一流的。

这样，一传十，十传百，饭店的生意迅速火了起来。

梦想启示

不走寻常路，并不是让你离经叛道。

不走寻常路，是让你锻炼自己的想象力，在学习、工作、生活中，打破惯性思维，打开另一条思路，给生活一个惊喜。

生活中，人们习惯用右手，这是因为，一般来说人的左脑比较发达。人们因此忘记了像"左撇子"一样去锻炼左手的好处，锻炼左手可以开发右脑，让人的形象思维、想象力得到全面开发，左右脑协调思维。

这便是不走寻常路、不被惯性"谋害"的益处。

1美元的妙用

菲娜刚从哈佛大学毕业，到一家公司应聘财务会计工作，面试时即遭到了拒绝。原因也简单，虽然她从名牌大学毕业，但她没有任何工作经验，这家公司只需要有丰富工作经验的资深会计人员。

不过，菲娜并没有就此放弃，她对招聘主管说："请您再给我一次机会，让我参加完笔试吧。"

招聘主管被她的诚意打动，答应了她的请求。结果，菲娜顺利通过笔试，由人事经理亲自复试。人事经理对菲娜的笔试成绩很满意，见到菲娜本人后，对她的印象也非常好。然而，菲娜还是失望了，因为这位人事经理了解到菲娜没有工作经验，唯一的经验只是在学校掌管过学生会财务，公司不愿招聘一个没有工作经验的人做财务会计。

事已至此，人事经理只好委婉地说："今天就到这里，如有消息我会打电话通知你。"

菲娜只好站起来，朝人事经理礼貌地点点头，又从口袋里掏出1美元，然后她用双手递给人事经理，说："不管是否录取，请您都给我打个电话。"

人事经理一下子呆住了，他还从未见过这种情况。不过，他到底是人事经理，很快反应过来，问道："你如何知道我不给没有被录用的人打电话？"

菲娜提醒说："刚才，您说如有消息就打电话，那言下之意就是没被录取就不打。"

"如果你没被录用，"人事经理对眼前的这位应聘者，已产生浓厚的兴趣，"我打电话，你想知道些什么呢？"

菲娜感激地说："请告诉我，在哪些地方我没有达到你们的要求，我在哪些方面还不够好，让我好改进。"

人事经理仍有疑惑，说："这1美元呢……"

菲娜连忙解释说："给没有被录用的人打电话，本不属于公司的正常开支，所以由我来支付电话费，请您一定打。"

人事经理说："请你把1美元收回，我不会打电话了。"接着人事经理耸耸肩，微笑着说："我现在就正式通知你，你被录用了。"

梦想启示

一个犹太人和一个印第安人各有50万美元的债券，想让银行替他们保管。犹太人灵机一动，将这批债券作抵押向银行申请1美元的贷款。他每年只需付出6美分的利息，这样他既可以省下大笔保管费，又达到让银行替他保管债券的目的；印第安人则十分老实地向银行申请保管那批债券，结果是他必须支付一大笔数目不菲的保管费。

这也是1美元妙用的故事。

而在这个故事中，菲娜则用1美元敲开了机遇大门。如果说犹太人用的是聪明，菲娜用的则是智慧以及老实的做人原则。

异想天开的遗嘱

《假如给我三天光明》的作者海伦·凯勒，1968年在美国纽约逝世。去世当天，一位名叫**韦伯·巴内特**的人对外宣布：期待以50万美元的价格购买海伦·凯勒的遗嘱，不论它是一句话还是一张纸条，也不论它存放在什么地方或谁的手中，只要求在名义上对它拥有所有权。

韦伯刚刚宣布决定不久，就传来一个消息：海伦没有留下遗嘱。

听到这个消息，韦伯思索良久，一个向世人征集海伦遗嘱的想法在他的脑海里诞生了。3月27日，韦伯在《纽约时报》上刊登了一则广告："海伦小姐是世界上最不幸的人，她集聋、哑、盲于一身，其中任何一种不幸降临到任何一个人身上，她一定会认为自己是世上命运最苦的人。然而，海伦小姐不仅学会了读书、讲话，甚至完成了大学课程。假若您知道她的遗嘱，并把它公布出来，我愿用50万美元购买它。"

原来，韦伯在一次车祸中不幸失去双腿，最初他拖着残疾的身体在地铁行乞。当他听到海伦的故事和看了海伦的作品后，备受鼓舞，随后他成为一名残疾人运动员，并在1948年全美残疾人运动会上，夺得了500米赛的冠军。

自此之后，韦伯的世界改变了。他通过一番奋斗，不仅成为卡普兰公司的形象代言人，并成为这家公司在加利福尼亚州的假肢销售总代理。

20年过去了，韦伯成了百万富翁。海伦的去世令他很悲痛，韦伯想拿出自己一半的钱捐给海伦·凯勒慈善基金会，以表达他的怀念和感激。后来，韦伯认为这样还不够，于是决定悬赏征集海伦的遗嘱。

《纽约时报》上的广告一经刊出，从世界各地寄来的"遗嘱"如雪花纷纷而来。各种各样的"遗嘱"共有13000多份。

其中一份"遗嘱"深深打动了韦伯。它这样写道："如果海伦果真留下遗嘱的话，她会这么写：'……在这个世界上，只有那些从不幸中崛起的人，才配得上命运的垂青和馈赠，也只有他们才真正和命运会过面；至于遭受点打击就一蹶不振的人，他们根本就没有命运。他们所拥有的，只不过是几个小小的不幸而已。'"

2003年3月17日，这份"遗嘱"在韦伯的奔走下，被加利福尼亚州以法律的形式定为海伦在该州留下的遗嘱，然后韦伯以50万美元的价格，买下了这份"遗嘱"。

据说，这是世界上第一份以投票方式确定下来的遗嘱。

梦想启示

在美国以虚拟的方式做收藏，并不少见，它是出于对某个人的敬仰而做的一种慈善行为。爱因斯坦去世时，就有人用3.2万美元的价格，购买了他的一句遗言。

爱因斯坦的遗言是：我死后，除护送遗体去火葬场的少数几位最亲近的朋友之外，一概不要打扰。不要墓地，不立碑，不举行宗教仪式，也不举行任何官方仪式。骨灰撒在空中，和人类、宇宙融为一体。切不可把我居住的梅塞街112号变成人们"朝圣"的纪念馆。我在高等研究院的办公室，要让给别人使用。除了我的科学理想和社会理想不死之外，我的一切都将随我而去。

从海伦和爱因斯坦的遗言中不难看出，一个人的价值在于他无限广阔的胸怀。

第十章 信念

信念，是实现梦想的一泓如意源泉。

在任何时候，人生都不要失去信心和耐心，这是我们战胜困难、获得幸福的法宝。

信心，会主宰一个人的命运。奥格斯特说："在真实的生命之中，每一桩伟业都由信心开始，并由信心跨出第一步。"

耐心，则标志着一个人是否成熟。因此，大哲学家柏拉图说："耐心是一切聪明才智的基础。"

信心和耐心则是构成一个人坚定信念的最重要的因素。

永远的"铁榔头"

提起女排精神，人们不由得想起20世纪80年代中国女排勇夺五连冠的美好回忆，那个被国人亲切称为"铁榔头"的**郎平**也不禁会让人们同时想起。

1960年，郎平出生在数九寒冬的北京。爸爸是北方人，妈妈来自南方，因而这个小姑娘的性格当中，既有北方人的豪爽与奔放，也有南方人的细腻与恬静。

小时候，一旦运动起来，郎平就像男孩一样勇敢和顽强；一旦安静下来，她又是一个非常文静的女孩儿。

童年生活，平淡当中也有许多幸福回忆。那时最令郎平开心的事情就是体育迷的爸爸经常带着郎平去自家附近的北京工人体育馆看比赛。这些经历对郎平影响深远。

时光荏苒，小郎平的个儿越来越高了，站在同龄人当中，她都要高于身边的男孩子，真有种"鹤立鸡群"之感。

1973年4月，北京工人体育场业余体校排球班的老师，来到郎平所在的学校挑选队员。正在读小学六年级的郎平由于个高被选中参加测试。那是一个星期天，风和日丽，13岁的郎平同几个同学前往体校测试。当天，测试内容有弹跳摸球和速跑等项目，这对于身高已有1.69米的郎平来说没什么难度，她满心欢喜地参加完了全部考试，结果自然榜上有名。郎平也从此与排球结下了深厚的缘分。

起初，排球班训练内容相对比较轻松，随着难度和强度加大，一些队员有了畏难情绪，同郎平一起参加训练的小陈不练了，没过多久，又有队员退出。从那以后，只有郎平独自一人去体育场。枯燥、乏味、艰苦的训练，多少对郎平那时的情绪产生过影响，最终郎平靠着追逐梦想的信念顽强地坚持了下来。

有着良好身体素质的郎平，凭着刻苦训练，球技也进步神速。郎平也从短训班进入长训班，成为业余体校排球班的一名正式队员。

豆蔻年华，郎平凭着一股矢志不渝的韧劲儿，始终艰苦训练。她那时练习接球，甚至把两个手臂都练红肿了。那段青春岁月，郎平一直为一个梦无怨无悔地付出着。那段岁月，差不多每一个月，郎平都要在训练场上穿破一双运动鞋。

1978年，年仅18岁的郎平参加了全国排球甲级队联赛。她因表现十分抢眼而被当时的女排主教练袁伟民看中，进了国家队。

多少年来，郎平一直在为心中的梦而艰苦奋斗，最终梦想成真，她也成了"世界三大扣球手"之一。在中国女排获得五连冠、创造世界排球史奇迹的过程当中，郎平是其中四连冠中的主力和灵魂人物，在中国排球史和个人史上写下了双重辉煌。

这就是郎平，中国人永远的"铁榔头"。

梦想启示

20世纪80年代的中国人正在爬坡，广大民众从获五连冠的中国女排姑娘们那儿获得了很多的民族自信心。中国女排精神到底是什么呢？那便是无私奉献、团结协作、艰苦创业、自强不息的"铁榔头"精神！

就是这个心怀梦想的郎平为中国梦添了砖，加了瓦。梦想能给人无穷的动力，有了它，我们的奋斗就有了方向。

相信自己我能行

据说，清华大学英文系有个习惯，每年开学的时候，该系会为新生举办一场乒乓球比赛。每一次，高年级学生都会让刚来的学弟学妹3个球，以示公平。

那年，清华大学英文系新生当中，来了一个小个子女生。她打球时虎虎生威，还喜欢不时"喝！喝！"发出令对手胆寒的声音。这个小个子女生不仅不要师兄让她3个球，反而自己让了师兄9个球。结果怎样呢？她以11比9，全部取胜。

这个小个子女生，原来不是别人，而是**邓亚萍**。

有一次，一个球迷请邓亚萍签名。在球迷递过来的球拍上，邓亚萍毫不犹豫地签上："相信自己我能行！"

原来，这句话也是邓亚萍内心最真实的写照。爸爸邓大松曾是河南省队乒乓球运动员，在邓亚萍2岁时，就常带着女儿观看乒乓球比赛。

有一天，邓亚萍站在球桌前，突然对爸爸说道："我想打球！"

这年，邓亚萍5岁。望着还没有球桌高的女儿，邓大松确实吃惊不小，随后他高兴得连连点头。见女儿站在球台前只能露出个脑袋，一向沉默寡言的邓大松不禁大笑起来。他内心一热，跑了出去，站在一边的邓亚萍还没有反应过来，邓大松已从室外拿来一块厚木板，将它垫在女儿的脚下。一个未来的"乒乓皇后"，就这样开始了自己的乒乓生涯。

一个冠军梦，已悄然在幼小的邓亚萍心中播下。那时，由于年幼，邓亚萍还不知道自己要面对多少挫折。她个子矮，手脚粗短，在体校看来，这个小女孩根本不是搞体育的材料，因此也就将这个天才拒之门外了。

不过，个性顽强的父女从不轻言放弃。在父女俩看来，肯吃苦才是放飞梦想的最佳途径。每天，邓亚萍上完体育课之后，就跟着爸爸再做100个发球、接球。

有一天，邓大松将两个小沙袋分别绑在女儿腿上，同时，他也将女儿手中的木拍换成了铁拍，说："亚萍，身高是你的劣势，你必须苦练出罕见的速度，还有出手的狠与准，来弥补身高的不足。"

"是吗？爸爸。"

"是的。练出手劲，你就能出拍狠和准；沙袋能帮助你练出腿部的力量和耐力，最终提高移动速度。"

"这样做就能得冠军吗？"

"是啊，有志者事竟成嘛！"

以后，只有七八岁的邓亚萍为了心中的乒乓球梦想，欣然接受了这样的练习，为梦想迎接挑战。然而最初，邓亚萍每闪、展、腾、挪一步，都显得那样举步维艰。试想一下，打球时快步移动就很耗力气，而双腿绑着沙袋再做这些动作会怎样呢？最后，邓亚萍在一次次的练习中，已完全忘记了腿上的沙袋。当然，代价很快显现出来：腿肿了，手掌一次又一次磨破了。

9岁时，邓亚萍在参加全国业余体校分区赛中获得了单打冠军。虽然邓亚萍取得了好成绩，然而她进入河南省队的梦想并没有实现，她去少年队训练了15天就被退回。理由是：身材太矮，没有发展前途。

这次打击让小追梦者邓亚萍第一次流出了伤心的泪水。身材太矮，这几乎是致命的缺点，先天如此无法改变。当时，邓亚萍虽然很灰心，但还是听从了爸爸的教导，解决个子不高的唯一办法是步伐更快，进攻更加凶狠，防守更加顽强。而这些本领的获得便是吃苦、吃苦、再吃苦，苦练是通往胜利的基石。

　　10岁时，长期的付出让她在全国少年乒乓球比赛中获得了团体和单打两项冠军。其后连续3年，她独揽少年赛的单打冠军。最终，邓亚萍从市队被借调到了省队，随后在郑州市举行的全国锦标赛上夺得了团体和个人冠军。这一年，邓亚萍13岁。

　　邓亚萍大费周折进了国家队。后来，她回忆说："我得了这么多冠军，在我看来这是应该的，因为我知道我的个子不如别人，别人允许有失败的机会，我没有，我只能赢，我赢了还不一定能进国家队，更别说输了。所以我打球凶狠，那是逼出来的。"

　　这个从5岁起开始打球的追梦女孩，在自己的运动生涯中获得过18个世界冠军，4次奥运会冠军，成为第一位蝉联奥运会乒乓球金牌的运动员，被世人誉为"乒乓皇后"。2001年，她成为北京申奥团成员之一，北京申奥形象大使。

　　追梦者从不会因为身材或其他原因，而放慢追梦的脚步，他们只会更加勇往直前。

梦想启示

　　多年以后，实现了梦想的邓亚萍提起童年的生活，总会说："那时，虽然练球很辛苦，但是心里总觉得很充实、很快乐。"

　　追求梦想的女孩是快乐的。

　　前国际奥委会主席萨马兰奇曾对邓亚萍说："世界向你敞开了大门，因为你有了这把钥匙。"

　　这把钥匙一定是在追梦过程中得到的。

撑起一片天

一个女人的词典里，忘掉了收录"妥协"一词。至今，她的血管里流淌着独特的个性。**李娜**，人称"中国一姐"。因为种种未曾修饰的言行，有媒体说她"不是个典型的中国女人"。这个活得很真实的女人，喜爱者赞赏有加，反对者则非常讨厌她。

性格倔强，天赋过人，又喜怒形于言表，这些个性也让李娜有了一个"中国最有个性运动员"的称谓。

什么原因成就了"中国一姐"呢？

在自传《独自上场》里，李娜说道："网球是一项孤独的运动。当你独自上场，你就开始了一个人的战斗……你要随时挑战你自己。不管输球赢球都找不到任何可以埋怨的理由，不管结局好坏都要你自己一个人去承担。"

"独自上场"，听上去有些辛酸，也有些孤傲不群。在这句话的背后，隐藏了一个少女的一段成长经历。

李娜的爷爷曾经是武汉一所中学的体育老师。爸爸李盛鹏也曾是湖北省羽毛球队的一名业余选手。

5岁时，李娜便被爸爸送去打羽毛球。

一个偶然的机会，网球教练夏溪瑶去羽毛球训练场寻找网球苗子。她一眼相中了李娜，这个小姑娘"练了两年羽毛球，肌肉比一般孩子好一点"，此外，"身材比较宽，腿的肌肉也比较扎实"。当时，夏溪瑶就断定李娜打网球会有很好的前景。

这样，7岁的李娜开始了她的网球之旅。

在记忆里，爸爸总会风雨无阻送她去体育场练球。有一次，武汉下了多年不遇的大雪，无法骑自行车，公共汽车像馍馍馅被包在雪里动弹不得。爸爸的大手握着女儿的小手，他们俩就这样走了3站地到达体育场，等女儿练习完网球，爸爸再陪女儿回家。每到周末，爸爸便去汉口青少年宫，以1小时5元钱的高价租来场地，让不到10岁的李娜同那些十八九岁的业余运动员对垒。当时，一家人每月的收入加在一起不过100元。

10岁的李娜，已成长为业余体校里顶尖的好手。然而，她的生活遭到重创，支撑她梦想的爸爸在此时因先天性血管狭窄住进了医院。

多年以后，当李娜拿了大满贯冠军后，她依然没哭。岁月的风雨让她学会了坚强。1996年，14岁的李娜随湖北队四处征战。李盛鹏再度病发，他已撑不了多久。"不要让李娜回来，能参加2000年的奥运会，那该多好啊！"病床上，他叮咛道。一次，李娜从北京去广州比赛，途经武昌火车站。为了让女儿放心，已病入膏肓的李盛鹏来到火车站，同李娜在站台上见了一面。这次见面，只有短短十多秒钟，成了父女二人的永别。

爸爸去世以后，那时的妈妈比年少的李娜显得更六神无主。生病欠下的债没有着落，而操办丧事又需要花钱，妈妈不知道怎么办了，便把女儿当成了依靠，凡事同她商量。那一刻，李娜感觉自己很强大，可以支撑起一个家，能够保护妈妈让她有了自豪感。妈妈把房子租出去了，回娘家暂住，为的是还债。有一次，妈妈非常犹豫，打电话问李娜："打全运会的奖金什么时候发呢？"

因为她一个人的工资，还有那点房租，永远也还不上那些欠债。

此时，年仅15岁的李娜，不仅要为自己的人生梦想奋斗，而且要为眼前的生活拼搏。她渴望着能够多打比赛，渴望在比赛当中取胜，获得更多的奖金。她渴望着早一些日子还清家里的债务。

在这种境遇中，15岁的李娜在1997年青岛的全国网球联赛总决赛中，拿到了人生中第一个全国冠军，也成为年龄最小的成人组全国单打冠军。

虽然，在这以后的人生当中，李娜也遇到过挫折，但她一直向梦想之地前进，并从中学会了带着愉快的心情去分享赛场内外的事情。

2014年，李娜第三次晋级澳大利亚网球公开赛决赛，并最终收获女单冠军，成为亚洲第一位两次获得网球大满贯单打冠军的网球选手。截至2014年1月底，李娜获得了9个WTA（国际女子网球协会）和19个ITF（国际网球总会）单打冠军；共4次闯入网球大满贯女单决赛，两次收获冠军。

梦想启示

"国际娜""中国一姐"，一个个响亮的名字来形容李娜，听上去是那样亲切。

那些还不太了解李娜经历的人，不会想到这个"中国最有个性的运动员"，曾经也有过的灰色和忧郁的记忆。在传记里，李娜向读者倾诉道："每次我回忆起少女时代的往事，感觉都像是灰色的，没有像别的女孩子那么轻松、那么美丽、那么罗曼蒂克。那时的我倔强、忧郁，坚硬得像块石头。"

最终，李娜在追求梦想的旅途中，学会了放松自己，"那些小磨难和小障碍，最后都被证明是命运指派给我的催熟剂，它们让我学会勇敢和承担。"

谢天谢地，生活当中，还有梦想。

是梦想，给予了我们生活另一片阳光的天地。

在苦难中追求

13岁时，**常香玉**在古都开封一带小有名气。

那时，这个小女孩已练就了一身本事。父亲为了让女儿积累更多舞台经验，将来有个出路，让她在一开始学戏时什么都学，小生、武生、须生、丑角、老婆，什么角常香玉都能演。

为了演好戏，常香玉练了不少武功，与其他同年龄女孩相比，这些人在舞台上不会翻跟头，常香玉却能站在一米见方的桌子上，一连翻十来个跟头。另外，打旋子、走旋子等戏剧技艺，常香玉样样精通，引得台下观众不时给她一阵高过一阵的喝彩。

在极度贫苦的日子，常香玉一直心怀一种信念：要在戏剧中寻找一条属于自己人生的出路。为此，她吃了很多苦，付出过最大努力。

原来，常香玉本名叫张妙龄，1923年秋天出生在河南巩县一个贫苦家庭。这个贫苦的孩子，在6岁至9岁时，跟着母亲要过饭。父亲曾经是一名豫剧演员，后来嗓子意外受伤，不能唱戏了，只好在戏班里打杂。从小就很喜欢看戏的常香玉，为了躲过被卖作童养媳的命运，便跟着父亲学戏。

9岁那年，常香玉正式跟父亲学戏。后来，为了女儿的前程，父亲为女儿请了专门的老师。父亲对女儿一向要求很严，甚至非常苛刻。也许是因为父亲没上过学，也不懂得如何教育女儿，但在这位一直在"苦水"里泡着求生的父亲眼里，戏是苦虫，非打不成。他爱自己的女儿，只是方式不同，也难被现代人所理解。为学戏，常香玉挨父亲打骂是家常便饭。

数九严冬，屋外一片白雪，在父亲的叫喊声中，常香玉又到室外练习功夫。常香玉看了一眼室外的雪，足有一尺多深，由于气温太低，雪地经过夜间的寒冷，已硬得像冰。当常香玉靠着墙练习倒立时，她的大拇指早已被那冰雪勒出血来，顺着皮肤流向指尖，浸入地面。

在那段艰苦岁月里，常香玉从来没有过放弃的念头。

经过艰苦的磨炼，最终常香玉没有让自己失望，更没有让父亲失望。12岁时，常香玉随父亲闯开封，很快崭露头角，一年之后，她便在戏班里唱起了压轴戏。

最艰苦的岁月，常香玉一直有一个信念：戏比天大。

艺术之梦，业已成为她人生之魂。

一生酷爱豫剧的常香玉，其唱腔字正腔圆，运气酣畅，韵味醇厚，格调新颖，声情并茂。她以自己的天赋和勤奋，将豫剧带到了一个新的高度。常香玉演唱的《拷红》《白蛇传》《花木兰》《破洪州》《五世请缨》等诸多剧目，家喻户晓，从而成为一代豫剧宗师。

梦想启示

新中国成立后，常香玉在精神上也解放了，她再也不是旧社会被人看不起的戏子，而是一名人民艺术家。从此以后，常香玉以饱满的热情为广大老百姓唱戏。

苦难也许给人造成了肉体上和精神上的痛苦，但唯有直面现实，不妥协不放弃，勇于追求，方可走出困境，赢得新生。

展现生命的美丽

16年的艺术积淀把她送到了奥运会的舞台，彩排中2秒的误差，让她从黄金艺术年华中跌落——到今天，**刘岩**与轮椅为伴已整整6年。

现如今，她过得怎么样？中国艺术研究院唯一的残疾博士生，一本名为《手之舞之》的著作，诸多奖项，这些也许是答案。她说："一种姿态倒下，以另一种姿态站立。在生命最深的夜里，梦想，这盏最亮的灯指引我前行。"

梦想要从9岁说起，那是刘岩开始练习舞蹈的年龄，舞蹈也几乎占据了她少年时代业余生活的全部时间。一次暴雨如注，刘岩坚持要去跳舞，妈妈便把她藏在塑料披风里，骑自行车驮她去了学校。雨水"啪啪"地打在斗篷上，顺着裤脚和鞋子淌下来。到了学校，小刘岩就如一只落汤鸡，拖着一行水迹飞奔到排练厅。推开大门，屋里一个人也没有。老师过来解释说，原本以为下这么大的雨，就不会有孩子来参加业余班的训练。于是，那一天，刘岩上了一堂一个人的舞蹈课。

后来，刘岩考进了北京舞蹈学院，成为一名专业的舞者。在22岁那年，她夺得了人生中的第一个大奖——第六届全国舞蹈大赛金奖。当年，人们给她起了一个外号叫"刘一腿"。

刘岩的舞蹈事业方兴日盛。2008年北京奥运会开幕式上，有一个舞蹈叫《丝路》，开幕式共有1.5万名演员，而《丝路》是唯一一个独舞，刘岩就是这个舞蹈的A角演员。"我将要在奥运舞台上为全世界展现出中国舞者的魅力！8月8日将会是我生命中多么美好的一天啊！"刘岩激情澎湃。

2008年7月27日，距离开幕式只有12天，那是最后一次封闭彩排。刘岩的节目只有1分37秒，她已经在台下练习了几千次，并且与移动车台配合了几百次。然而，就在那一天，车台提前2秒走动，刘岩仰天向后跌落，背部重重地摔在地上……

刘岩在重症监护病房里醒来，并没有注意到自己毫无感觉的下肢。7天以后，主治医生正式通知，刘岩是脊髓完全性损伤，接下来的日子得坐轮椅了，也就是，瘫痪了。"'瘫痪'这两个字怎么写啊？我的生命里怎么会出现这两个字？"刘岩当时懵了。

"我摸摸自己的双腿，没有一点知觉，这双腿是我的，又不是我的了。"一个舞者，失去了双腿，还有用吗？眼前那么小的台阶，就是天大的障碍，就是过不去。其实，那些日子，刘岩内心反反复复地说着一句话，那天她终于把它说了出来——"刘岩，你废了！"

"我废了吗？我是有用的人！我虽然失去了双腿，但我还能思考，我还有一双灵动的手，我身边还有父母的爱，还有那么多支持我、鼓励我的人们，我还拥有很多东西，我应该还能做很多事。"出院后，刘岩把旧舞鞋整齐地收到柜子里，内心只有一个信念：我要开始新的生活！

人们说，刘岩是个坚强的人，但"坚强"一词不足以总结她所背负的东西。"我天生内心就那么强大吗？现在回想起来，让我强大的是我的梦想——舞蹈。"刘岩说。舞蹈不仅磨砺了身体，更告诉自己，一个舞者的价值就是展现出生命的美丽。她的闺蜜开玩笑说，一个舞者摔没了，但摔出了一个哲学家。

2009年，刘岩决定报考中国艺术研究院博士生，经过3年的学习，摇着轮椅的她走进了考场，成为中国艺术研究院唯一的残疾博士生。毕业后，北京舞蹈学院聘任刘岩为教授，在学校里，刘岩将自己对舞蹈的激情和梦想在那群年轻的生命中延续。随后，又出版了她的第一本著作《手之舞之》，用文字完成思想的行走。

刘岩积极参与各类慈善公益活动，成为中国舞蹈家协会的"爱心大使"；成立了中国文学艺术基金会刘岩文艺专项基金，资助孤残儿童学习舞蹈艺术。"全国五四青年奖章""十大中华女性公益慈善典范""全国五一劳动奖章"……一份份沉甸甸的荣誉给了她莫大的鼓舞和激励。

刘岩又开始跳舞了，轮椅就是她的新舞鞋。刘岩跳的第一支舞蹈叫作《最深的夜，最亮的灯》，在舞蹈的结尾，刘岩和其他舞者们共同看着一个方向，那里似乎只是一片黑暗，但那里也是她的未来。在她的字典里，就没有"残疾"一词，坐在轮椅上，是她的另一种美丽。

梦想启示

刘岩说："一种姿态倒下，以另一种姿态站立。在生命最深的夜里，梦想，这盏最亮的灯指引我前行。"

只要有这种信念在，无论什么困难都不会把你压垮。

犹太女孩玛莎的节省

第二次世界大战期间，德国纳粹分子为镇压异己和推行种族主义，在德国和被占领国建立了众多集中营。集中营也称"死亡营"，通常建有用于大规模屠杀和进行人体实验的毒气室、尸体解剖室和焚尸炉。

第二次世界大战期间，纳粹集中营夺走了数百万人的生命，成为人类历史上最黑暗的一页。奥斯维辛集中营关押过一名叫**玛莎**的犹太女孩，她曾在集中营中写过这样一首诗：

这些天我一定要节省，虽然我没有钱可节省；

我一定要节省健康和力量，足够用来支持我很长时间。

我一定要节省我的神经，我的思想，我的心灵和我精神的火，

我一定要节省流下的泪水，

我需要它们很长很长时间。

我一定要节省忍耐，在这些残暴肆虐的日子，

在我的生命里，我有那么多需要的——

情感的温暖和一颗善良的心。

这些东西我都缺少，

这些我一定要节省，

这一切，上帝的礼物，我希望保存。

我将多么悲伤，

假若我很快就失去了它们。

在那个血雨腥风的岁月，柔弱的玛莎可能随时会失去生命，然而，她依

然深爱着生命。

玛莎用自己的方式去爱，她节省泪水，节省精神之火，节省心灵。玛莎用透彻的文字给她弱小的灵魂取暖，用坚韧的希望照亮黑暗的角落，即使这个亮度只有1厘米，那也够她蜷缩在那里。

无数的人，在绝望中悲惨地死去。而当时的玛莎，一个12岁的小女孩，终于等到了第二次世界大战结束，赢得了新生的曙光。

梦想启示

决定人命运的往往不是商，而是情商，是坚定的信念。智商再高，12岁的小女孩在集中营也不可能斗过嗜血如命的纳粹分子。是情商帮助小女孩珍惜每一刻，节省泪水，节省精神之火，节省健康和力量，用来支持她很长时间。

今天，我们生活在和平年代，每一个晨曦，每一次夕阳，都属于我们自己。在我们的心灵深处，我们是否为自己的幸福，为生命的未来节省过什么呢？

永不放弃

2007年，美国犹他大学教授**马里奥·卡佩奇**，同另外两位科学家共享了该年度诺贝尔医学或生理学奖。在3位获奖者中，马里奥·卡佩奇教授格外引人注目。很少有人会想到，这位科学巨匠的成功背后有一段苦难的经历。

记者第一时间采访了他："你为什么会成功？"

他笑着说："我为什么成功？就因为我从来都不懂得什么叫作放弃！"

1941年的某天清晨，露丝正在做早餐，一队荷枪实弹的警察闯进了她的家，砸烂了房间里所有的东西，然后露丝被野蛮地戴上手铐带走。分别的那一刻，看着年仅4岁的儿子卡佩奇，露丝犹如万箭穿心。这时卡佩奇跑上前来紧紧抓着母亲的衣角，却被野蛮的警察推开了，他哭了起来。露丝顾不上那么多，大声地对儿子嘱咐道："不要哭，男孩子要坚强！记住，儿子，再苦再难都一定要等妈妈回来！记住了吗？儿子，要好好活着，永远都不能放弃！"

原来，露丝是当地小有名气的诗人，她的丈夫是一名英俊的意大利空军飞行员，在一次战斗中丧生。从此，充满艺术气质的露丝仇恨这场战争，她决心投身反战联盟，创作了很多讽刺纳粹的文学作品。

此后这对母子天各一方。露丝以政治嫌疑犯的罪名，被关押到位于德国的达豪集中营。

4岁的小男孩卡佩奇茫然地望着惨遭蹂躏的家。他不知道自己今后该如何过，母亲何时回来。随后，卡佩奇流落街头，沦为小乞丐。

衣不蔽体的卡佩奇成天站在街角，漫无目的地走着，望着面包铺里的面包，他流下了口水。有时得不到好心人的帮助，饥饿难耐的卡佩奇就只好拼命喝水充饥。最令他痛苦的是那些比他大的乞丐经常找他的麻烦，以各种理由打他，甚至将他打晕，这时他会想到死，母亲那双充满期待和慈爱的眼睛就在他的脑子里浮现。他对自己说："妈妈一定会回来的，不许放弃！"

寒冷的冬夜，小卡佩奇不安地拉紧衣角，颤抖着身躯蜷缩在桥洞里，人快冻得僵直过去了，他望着漆黑的天空，心里却在大声呼喊："我不哭，妈妈一定会回来找我的！"

而此时卡佩奇的母亲露丝，正躺在德国慕尼黑附近的达豪集中营，她已被折磨得奄奄一息。露丝也有着同样的信念，她十分想念自己只有几岁大的儿子，她对自己说："不，不能放弃，永远都不能放弃！"

终于，美国大兵解放了达豪集中营，他们从成堆的囚犯尸体中发现了露丝。她快死了，被送往医院抢救。1个月后，露丝刚恢复了一些体力就急切地对医生说："我要出院，我不能待在这里，我要去找我的儿子！"

整整4年了！露丝找遍了整个城市的大街小巷，最后在一个街头的角落，露丝和卡佩奇同时认出了对方。露丝惊呆了，快9岁的卡佩奇瘦得只剩骨头，体重只有20多斤，并且正在发着高烧。露丝抓紧儿子的手，卡佩奇从嘴角挤出一丝微笑说："妈妈，我终于等到你了！"然后，就晕了过去。露丝哭泣着把儿子抱到维罗纳的医院。严重的营养不良加上正在发烧让卡佩奇生命垂危，露丝拉着儿子的手，低声在他耳边说："好孩子，妈妈回来了，我们说过，永远都不能够放弃！"

插着针管的双手瘦得不成形，卡佩奇在医院中躺了整整1个月，最终才脱离了生命危险。

卡佩奇出院后，露丝决定带儿子去美国，投奔在美国从事物理研究的哥哥。露丝不希望卡佩奇未来的生活再次颠沛流离。

初到美国的第一年，卡佩奇对周围的一切都感到陌生。幼年时的坎坷经历让他有着过多的自我保护意识。有两年时间，卡佩奇沉默寡言，不与人交际，甚至不开口说英语。

露丝把全部身心都投入到儿子身上，她整天陪伴着儿子，带他出去散步、郊游，此外还教他学习文学和诗歌，母亲温暖的爱逐渐修复了卡佩奇受伤的心。他慢慢发生了改变，愿意去学校上学。多年的苦难生活培养了卡佩奇极为坚忍的意志，也使得他格外珍惜和平的生活和学习机会。很快，他对学习表现出了极大的热情，尤其对数学和经典物理学极度喜爱。

后来，卡佩奇获得了哈佛大学生物学博士学位，从此之后，他开始了人类遗传学和生物学的研究。大概因为幼年时那段苦难生活的磨炼，卡佩奇在他的研究工作中，即使遇到天大的困难，从来都是迎难而上，绝不放弃。

梦想启示

永不放弃，这不仅仅是一句承诺，更是一种坚定不移的信念。持久的艰苦行动，需要你为之付出，需要你的坚持。

生活中，不知什么时候苦难就出现了。逃避和躲藏，只会令你精神上更加痛苦。生命的价值就在于面对苦难时，你依然能够激发出对生活的热情。

对于爱，对于梦想，对于生活来说，永不放弃的信念是一种高贵的品质。

这种品质，会让你变得从容、大度。

锁不住的灵魂

乔伊·南丁格尔双腿残疾，又是一个哑巴。不仅如此，她还身患重病，不过她并没有接受在轮椅上安逸地享受来自外界帮助的生活，而是不断努力，挑战自我的极限，谱写了属于自己的传奇。

8岁那年，乔伊·南丁格尔进入伦敦皇家音乐学院学习作曲。这当然是很了不起的成绩，哪怕对一个健全孩子亦是一项殊荣。

她所创办的电子杂志，里面的许多诗歌和游记等，都出自她的笔下，并获过奖。这也是很了不起的成就，对于一个只有13岁的女孩来讲。

有一年初春，乔伊·南丁格尔在他人的陪同下，从位于英国南部的家中出发，踏上了去外面的世界旅行之路。随后的日子，英格兰、澳大利亚、坦桑尼亚、孟加拉、美国等地，都留下了她的身影。这同样是一个了不起的壮举，对于一个双腿残疾的女孩来说。

对许多医学专家来说，乔伊·南丁格尔的身体显得独一无二。这并不是她以轮椅为伴，身体是她的监狱，而是她所罹患的不是大脑性麻痹、多发性硬化症或者帕金森病，尽管这几种病的症状都在她的身上一一显现。乔伊·南丁格尔所得的疾病，是一种极为罕见的未知疾病，医学界只好将它描述为深度精神性肌肉失用症及神经紊乱。

她的日常生活经常伴随麻烦，因为她常常发高烧、尿道感染、腹泻、癫痫发作……这样看来，她似乎成为各种各样的疾病的载体了。

面对这样的境况，乔伊·南丁格尔曾经也气馁过，当她想到自己不能够去任何地方的时候，就感到十分沮丧。乔伊上网同世界各地的残疾人交流，大家相互鼓励，不久之后她就创办了一份属于自己的电子杂志。这是一份叫《窗外》的杂志，令许多人大感意外的是，乔伊·南丁格尔竟然能够让许多名人为她的电子杂志投稿，如著名作家玛格兰特，大主教乔治加里，还有曾经任联合国秘书长的安南，当然还有如今最为著名的残疾物理学家史蒂芬·霍金……

如果从这个世界上找一句话来形容乔伊·南丁格尔的生活和经历，也只有这句话能够体现了："疾病禁锢了身体，但锁不住的是坚强的灵魂。"

乔伊·南丁格尔谱曲作乐，让音乐代替她的声音；她还创作诗歌、散文、小说等文学作品，用美妙的文字同世人交流；她到世界各地旅游，向许多人证明了坐在轮椅上也能亲睹世界的精彩……

梦想启示

一个人的身体可以被禁锢，但他的灵魂可以插上一对翅膀。

自由，有行动上的自由，也有精神上的自由。

有的人有行动自由，然而他的精神是一片死寂，这样的人生，远远比不上乔伊·南丁格尔所走过的人生之路。

妈妈的支持

有个小男孩，在校上学时各门功课都很差，老师甚至认为他的智商有问题。这个小男孩对许多事物都沉默寡言，唯独喜欢一个人坐在房前草地，还有屋后的花园里，对着小蚂蚁和昆虫凝视，同它们说话，一待就是数个小时。

身为医生的爸爸看见小男孩就摇头，常教训他说："达尔文，你除了观察蚂蚁、蝴蝶、螳螂、蝉、蚱蜢、毛虫、花草之外，你对其他任何事情都没有兴趣。将来你无法在社会上立足，这会有辱你自己，也会羞辱整个家庭。"

时间一长，两个姐姐也开始担心起这个行为怪异、学习成绩又差的弟弟。就这样，小达尔文成了家中最不受欢迎的人。

不过，妈妈不这样看他。妈妈认为，这个不到10岁的小男孩也有自己的爱好，这是件好事情，因为这可以让他感受到生活中的乐趣。

妈妈不仅支持小达尔文去花园观察昆虫，还让他的两个姐姐也陪同。妈妈很有智慧地对3个孩子说："比一比吧，孩子们，看谁通过花瓣先认出是什么花。"

比赛结果很快出来了，达尔文总比姐姐抢先说出花的名字，妈妈每次都吻他一下，以示奖励。

对小达尔文来说，这真是件令人愉快的事情。因为，他能够回答出姐姐们无法回答的问题。他能够辨认众多植物和动物的名称，他一度通过观察蝴蝶翅膀上斑点的数量而判断出它们是哪一类蝴蝶。达尔文想，两位姐姐虽然学习成绩比他好很多，但是在这一点上她们远不如自己，这让他信心满满。

许多时候，身为医生的丈夫并不认同妻子对儿子的教育，认为这是"游手好闲""不务正业"，无益于孩子的未来。但是，妈妈依然护卫孩子的兴趣，直到她去世。

妈妈的爱护，成为达尔文童年最美好、最珍贵的记忆。对花草虫鸟情有独钟的达尔文，多年以后成了著名的生物学家，创立了著名的"生物进化论"，并完成了巨著《物种起源》。

梦想启示

妈妈的一个微笑，妈妈的一个安慰，妈妈的一个鼓励，就像天空的云彩和月光，美丽、纯洁，让人积极向上。妈妈是一片天空，她的信念和行为，往往能够决定孩子的前途。

第十一章 情商

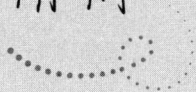

情商，能使梦想的实现事半功倍。

一件事情能否圆满成功，决定因素往往不是智商，而是一个人的情商。

情商（EQ）又称情绪智力，是近年来专家们提出的与智商（IQ）相对应的概念。它主要是指人在情绪、情感、意志、耐受挫折等方面的品质。以往人们认为，一个人能否在一生中取得成就，智力水平排在第一重要的位置，即智商越高取得成就的可能性就越大。不过，现在专家普遍认为，情商的高低对一个人能否取得成功也有着重大的影响，有时其作用甚至要超过智商。

所以，提高情商，学会管理情绪非常重要。

会装傻的主持人

爸爸是河南人，妈妈是山东人，所以她叫"鲁豫"。至于为什么"鲁"字在先呢，**陈鲁豫**说，她家的传统是女士优先。

陈鲁豫出生在北京西城区的一条胡同里。小时候，鲁豫看见姑姑看小人书，便会凑过去，也很认真地看起来。然而，鲁豫不识字，她只看小人书的图画不知其意思，便请求姑姑读给她听，姑姑欣然接受了。

没过多久，不识字的鲁豫竟然能够把家里那堆小人书每本都倒背如流，并且一字不差。

后来，鲁豫识字了，妈妈就给女儿买了第一套书《格林童话选》。这让鲁豫如获至宝，她也从这套书里认识了白雪公主、青蛙王子、小红帽等，这些永远都可爱的人物。再大一些，她也像其他少女一样喜欢过琼瑶的书。不过，当鲁豫有了一些人生阅历后，她更喜欢读人物传记，并且这一习惯一直延续至今。

小时候，鲁豫跟在上海居住的爷爷奶奶生活过一段时间，这样她除了会讲京味普通话外，还学会了上海话。这两者在语音、语调上的差别，还有南北方言结构上的不同，让鲁豫觉得游走在两种截然不同的语言之间是一件十分有趣的事情。这没有什么稀奇的，因为她的父母都学外语。爸爸学斯瓦希里语，妈妈学孟加拉语。听爸爸妈妈叽里咕噜地说外国话，鲁豫一直很好奇，她也有了一个心愿，长大后学外语，每天绕着舌头说话，让谁也听不懂。

不过，爸爸希望女儿能继承父业。在鲁豫上小学一年级时，爸爸就对她说："要不要学英语？爸爸教你。"

当时，鲁豫眼睛转了转，然后有些不屑地说："你中学学俄语，大学学斯瓦希里语，你说的英语有口音。我，要么不学，要学就学最标准的英语。"

1994年，鲁豫出国求学，从小学英语，让鲁豫很快适应了美国生活。

后来，这个热爱读书、英语超级棒、喜欢幻想的女孩，成了一名主持人。一说起她打造的电视谈话节目《鲁豫有约》，自然会让人想到那个著名口号——"说出你的故事"。

这档节目之所以受到观众喜爱，和鲁豫擅长面对面的倾听与沟通分不开。看似装傻，实际上是她能很好地克制自己的表现欲，让嘉宾自由发挥，愿意说出自己的故事。

梦想启示

一个优秀的主持人并不仅仅在于是否能说会道，妙语连珠，有时需要的是你是否甘当绿叶，善于倾听。

长不大的"金龟子"

在观众当中她应该是没有年龄的，因为一代又一代小观众在长大，她依然是那个活泼可爱的"**金龟子**"。

从1995年《大风车》节目开播以来，在亿万小朋友眼里，刘纯燕就是那个永远长不大、整天在电视荧屏上背个"金龟子"外壳的快乐小女生，令小朋友们喜爱不已，甚至大多数观众忘记了她叫刘纯燕，而亲切地叫她"金老师""龟子小姐"……

另外，刘纯燕还为《铁臂阿童木》《猫和老鼠》《机器猫》《米老鼠和唐老鸭》《千与千寻》等1000多部（集）译制片配音。

刘纯燕拥有独特的表演特质，她了解每一个普通孩子的喜怒哀乐。如今，已成为母亲的"金龟子"，差不多每周都会去幼儿园体验生活，同小朋友们做朋友，同孩子们打成一片。

那么，"金龟子"刘纯燕有着怎样的成长经历呢？

很小的时候，刘纯燕就有一个"喳拉燕儿"的雅号。那时她刚上幼儿园，特别爱说爱笑，且嗓门要比别的小朋友大许多。于是，幼儿园的阿姨就十分豪爽地将这个雅号送给了刘纯燕。

细心的妈妈了解女儿的性情，听到"喳拉燕儿"这个雅号后，就决定改造女儿，让她有些女孩子的文静与纤细，便将刘纯燕送到北京少年宫学习舞蹈。

不过，这个招数并不见效。到了少年宫的刘纯燕，老师竟然认为她的大嗓门是个待开发的宝贝，便教刘纯燕学习朗诵。这令刘纯燕欢喜不已，她也练习得特别卖命，可谓英雄找到了用武之地。

9岁那年，刘纯燕便得到了为巴基斯坦电视剧《生命》中的小男孩赫拉蒙配音的机会。从此以后，刘纯燕走上了配音之路。9岁的"喳拉燕儿"那时就常骑着自行车去中央电视台的配音间工作了。

高中毕业后，论身高，刘纯燕是个小不点儿；论长相，她是个娃娃脸，在当年和今天都说不上非常漂亮。但刘纯燕还是报考了北京广播学院，并以自己特有的音质和极大的可塑性顺利被录取了。

大学毕业后，刘纯燕被分配到中央电视台工作。随后，她所主持的《大风车》《聪明屋》《智慧树（周末版）》等儿童节目深受广大小朋友们的喜爱，她也先后获得第四届"金话筒奖"和2011年"中国播音主持金话筒奖"等。

如今，"金龟子"依然以那小小的个头儿，小模小样的形象，又甜又纯的童音，给亿万孩子带去了无比的童年欢乐。

这是刘纯燕作为儿童节目主持人的一面，而回到家里，刘纯燕还有另一面的娴熟角色。作为母亲，她和女儿是交心的朋友；身为妻子，她是细心体贴的小主妇，每次丈夫出差，刘纯燕都会为丈夫准备好行李。

现在，刘纯燕一家很幸福，这不仅是因为她与丈夫都事业有成，更重要的她是一个情商很高的女人，将自己的家经营得非常温暖，非常和谐。

梦想启示

梦想往往决定一个人能够走多远的人生之路。

而一个人的情商则决定这个人是否活得幸福，与社会、与家庭能否和谐共处。

认识自己的渺小

有一次，法国影星**阿列克斯·洛依德**开着法拉利跑车进了一家汽车4S店检修。接待他的是一名妙龄女郎，她出众的美貌和修车时灵巧的双手让洛依德怦然心动。对于整个法国来说，没有人不认识洛依德，而眼前的这位姑娘在洛依德面前丝毫没有流露出一点惊异和兴奋。

这让洛依德很不理解。

洛依德禁不住问："小姐，你喜欢看电影吗？"

"当然喜欢。"女孩说，"我是个影迷。"

女孩熟练地工作着，法拉利跑车很快修好了。女孩说："好了，先生，您可以把车开走了。"

洛依德却有些依依不舍，问："小姐，您可以陪我去兜兜风吗？"

他满以为这名女孩会很兴奋地答应他，没想到她一口就回绝了："对不起，先生，我还有工作。"

洛依德很失望，他想自己是一个大明星，这名女孩却一点儿也不给他面子。洛依德只好改变策略，说道："我希望你陪我一起试试车，看看跑车有没有问题。"

女孩想，这也是她的工作范围，于是同意了。跑车在路上一切都很正常。

女孩礼貌地说道："看来没什么问题，您送我回去吧。"

"怎么，不想再陪陪我？"洛依德不死心地说，"我再问一遍，你喜欢看电影吗？"

女孩说："先生，我回答过了，我是个影迷。"

洛依德有些尴尬地问："难道你不认识我？"

"当然知道，您一过来，我就认出了您是当代影帝阿列克斯·洛依德。"女孩平静地回答。

"既然如此，您为何对我态度冷淡？"洛依德问。

"不！先生，您误会了，我没有冷淡。您有您的成就，我有我的工作。您来修车就是我的顾客，如果您不再是明星，来这里修车，我也会一样地接待您。人与人之间不应该是这样吗？"

洛依德沉默良久，在这个自信而普通的女孩面前，他感到了自己的浅薄和狂妄。然后，他诚恳地说："小姐，谢谢！您给我上了很好的一课，我想我应该认真反省一下自己的价值观。我送您回去，下次修车时我还是会找您。"

梦想启示

约翰·保罗说："一个人真正伟大之处，就在于他能够认识到自己的渺小。"

一个走向伟大的人，一定有自知之明，知道自己能够干什么、不能干什么、什么是底线。当他认识到自己的不足，并且敢于证实自己的不足时，他开始具备了一颗强大的内心。

人的一生，重要的是心态。不论你现在身处高位，还是身在低处，放平自己的心态很重要，每个人都有自己的人生价值。无论你是大明星，还是平常百姓，你就是你，认识到这一点，你就开始领悟生活的真谛。

智者的回答

一、最困难的事

泰勒斯是公元前7世纪古希腊的思想家、科学家、哲学家，希腊最早的米利都学派的创始人。泰勒斯是"古希腊七贤"之一，也是西方思想史上第一个有记载、有名字留下来的思想家。

一天，有一位朋友问泰勒斯："你认为，人活在这个世界上，最困难的事情是什么？"

泰勒斯坦然回答道："认识你自己。"

认识自己难，认识自己的不足更难。

二、最快乐的工作

毕阿斯是公元前6世纪古希腊的律师、辩论家、哲学家，被誉为"古希腊七贤"之一。他是一个能言善辩、仗义执言又机智过人的人，经常为受欺压的穷人打抱不平，因此有良好的名声。

有一次，有人问毕阿斯："什么样的工作最能让人快乐？"

毕阿斯回答："挣钱的工作。"

这是一句大实话，尤其适合现代人。能够挣到很多钱，才能更好地生活，才能更好地帮助人。

三、贵重的财物

毕阿斯出生于古希腊普里埃耶城。一次，当普里埃耶城遭到敌人围攻时，城里的居民们纷纷带上他们最贵重的财物四散逃命，只有毕阿斯一个人两手空空。有人问他："你为什么这样离开啊？"

毕阿斯回答说："因为我所有的一切都在我的身上。"

在哲人的眼里，人世间还有比生命更宝贵的东西吗？

四、吃饭的区别

亚里士多德是古希腊最伟大的哲学家和教育家之一。他是柏拉图的学生，亚历山大大帝的老师。

有一次，一个人遇到亚里士多德，问道："你和平庸的人有什么不同的地方？"

亚里士多德回答："他们活着是为了吃饭，而我吃饭是为了活着。"

庸人享口福之乐，哲人享智慧之乐；庸人享物质之乐，哲人享精神之乐。

五、永远的道德

梭伦是古希腊著名的政治改革家、立法者和诗人，是"古希腊七贤"之一。梭伦出生于雅典一个没落的贵族家庭。年轻时，他一面经商，一面游历，到过许多地方，漫游名胜古迹，考察社会风情。

一天，有人问雅典的执政官梭伦："为什么作恶的人往往富裕，而善良的人往往贫穷？"梭伦回答："我们不愿把我们的道德和他们的财富交换，因为道德是永远的，而财富每天都在更换主人。"

良好的品性属于永恒，而世间的财富在人们手中流动。一个人内心的修养永远比物质财富重要。

六、理想的家

庇塔乌斯出生于古希腊米提利尼。后来，他成为匹斯堡的统治者。庇塔乌斯制定的严谨的法律和温和的统治使匹斯堡成了一个太平的城邦，他也因为美德和智慧被誉为贤人。

有人曾经问庇塔乌斯："你认为最理想的家是什么样子？"

庇塔乌斯回答："既没有什么奢侈品，也不缺少必需品。"

奢侈品是给别人看的，往往还会增长人的虚荣心；必需品是给自己用的，是生活所需。这个回答体现了古希腊的智慧。

七、健康的意义

赫拉克利特是一位富有传奇色彩的古希腊哲学家。他出生于爱菲斯城邦的王族。他本来应该继承王位，但是他将王位让给了他的兄弟，自己跑到女神阿尔迪美斯庙附近隐居起来。

有人问赫拉克利特："一个人的身体健康是否重要?"

赫拉克利特说："如果没有健康，智慧就无法表露，文化就无法施展，力量就无法战斗，知识就无法利用。"

健康是生命欢乐的源泉，而疾病会使生命枯萎。有了健康，才有一切。

八、流动的河流

有人问赫拉克利特："过去的事情能否更改?"

赫拉克利特回答："人不能两次踏进同一条河流。"

河里的水是不断流动的，你这次踏进河，水流走了，下次踏进河时，流来的是新水。河水川流不息，所以你不能踏进同一条河流。时空会变，流水会变，环境会变，什么都会变，什么都不能重复。

九、道歉的好处

塞涅卡是古罗马政治家、哲学家。

有人曾向塞涅卡求教："道歉有什么好处?"

塞涅卡回答："道歉既不伤害道歉者，也不伤害接受道歉的人。"

这样看来，道歉也是一种美德。它不仅能化解很多矛盾，而且能够体现出自己的气度和心胸。

梦想启示

这些智者的回答是否对你的人生也有借鉴的意义？

显然，答案是肯定的。

这些智慧对西方世界产生了深远的影响。它塑造了今天西方世界的生活方式，也必将继续对世界的生活方式和思维方式产生重大的影响。

捡起飞散的鸡毛

16世纪，罗马牧师**圣菲利普**，深受人们爱戴，无论富人还是穷人都追随他，无论贵族还是平民也都喜欢他。圣菲利普能够做到这一点，源于他的善解人意。

有一次，一位年轻的女孩来到圣菲利普面前，向他倾诉自己的烦恼。圣菲利普立刻明白了女孩的缺点，其实这个女孩心肠不坏，只是她常常说东道西，专爱说些无聊的闲话。这些闲话一传十，十传百，给很多人都造成过伤害。

于是，圣菲利普语重心长地说："孩子，你不应该在背后谈论他人，我知道你为此也很苦恼。现在，我命令你为此赎罪。"

女孩急切地问："我要如何赎罪呢？牧师。"

"说来也简单。"圣菲利普不紧不慢地说，"你去市场上买一袋鸡毛，走出城镇后，沿路撒在你走的路上，中间不要停，直到撒完为止。你做完这些之后，再回到我这里来。"

女孩感觉这是个新奇的赎罪方式，为了去除自己的烦恼，她完全按照牧师所说的做了。然后，女孩回去找圣菲利普牧师，告诉他自己按照他说的做了一切。

圣菲利普说："很好，你已完成了赎罪的第一部分，现在你要去完成第二部分。你必须原地返回，去捡拾起你曾在路上撒下的所有鸡毛。"

女孩只好又回去了，但是她只捡到了几片鸡毛，因为风已经把其他的鸡毛吹得无影无踪。女孩失望地来到圣菲利普面前，将实情告诉了他。

"没错，我的孩子。"圣菲利普心平气和地说，"那些你随口说出的愚蠢的谣言，不正像那些撒出去的鸡毛吗？你当时可能只是图一时口快，但它们会迅速谣传到各处，等你哪天后悔时，还能把它们收回来吗？"

女孩说："不能，牧师。"

"那么，当你再想说别人闲话时，就闭紧你的嘴巴，不要让那些邪恶的鸡毛散落在你走过的路上。"

梦想启示

古人云："静坐当思己过，闲谈莫论人非。"

说出口的话，就如放出的箭，射到谁了，伤到谁了，都难以挽回。即使伤口好了，也要留下伤痕。

生活中最难判断的事情是"是非"，上天从来没有给予一个人有判断世间所有事物是与非的能力。

假如你认为自己有判断所有事物是与非的能力，并且这样做了，你就离以自我为中心、搬弄是非、传播谣言不远了。

找到"自信的陶罐"

希妮情绪低落，胆小害怕，易激动发火，有点得产后抑郁症的征兆了。

因为，她接连生下3个孩子后，每天都在烦躁不安中度过。4岁的孩子整天吵闹，18个月大的孩子每晚都吵，还有1个婴儿需要她不断喂奶。

那些日子，希妮的精神快到崩溃的边缘。长期积累的睡眠不足，让她根本无法以一位正常母亲的眼光去看待周围的世界，也无法让自己处在正常的位置上。她时常怀疑自己天生就"低能"，连3个孩子都照顾不了，以后还怎么过日子呢？

在希妮身处困境之时，一位叫海伦的远方朋友，托人从另外一个城市给希妮带来一份珍贵的礼物。放在希妮眼前的，是一个装饰得十分漂亮的陶瓷罐子，在罐口上贴有一个标签："希妮的自信的罐子，需要时打开。"

希妮打开了罐子，里面储藏着几十个用浅蓝色纸条折成的小纸鹤，每个小纸鹤上都写有一句送给希妮的话。

很长一段时间，希妮都没有像这天一样快乐过。她急切地拿出了一只只小纸鹤，一行行美妙的文字映入她的眼帘：

上帝微笑着送给我一件珍贵的礼物，她的名字叫"希妮"。

我一直珍藏着你的友谊。

我欣赏你的执着，还有你对生活的热情。

我期待居住在离你的厨房只有100英尺的地方。

你很热情好客，并且贤惠能干。

你对邻居友善，对朋友亲切。

你有宽大的胸怀。

你有一头漂亮的金色长发。

你做任何事情都认真细致，一向任劳任怨。

你是最棒的女伴，我多么愿意一整天都和你在一起逛百货公司。

我一直都相信你能做好任何一件你想去做的事情。

我给你提的第一条建议：当你完成一件出于自己心愿的事情，或者得到他人的赞美和肯定的时候，请写一张小纸条放进这个陶罐里。

我给你提的第二条建议：当你遭遇挫折和困难，或有些灰心丧气之时，就从这个小陶罐里随意拿出几张纸条看看。

读到这里，希妮完全被海伦真诚的话语打动了。因为，希妮真切地感到自己正被朋友爱着。当前的困难，一定会成为过眼烟云，她依然是一个非常棒的女人和母亲。

从此以后，希妮将那个"自信的陶罐"摆放在家里最显眼的位置。只要遇到挫折和困难，她都会自觉地将手伸进"自信的陶罐"，每一次，她都能获得正能量。

不知不觉15年过去了，如今希妮的生活怎样呢？她当上了一所幼儿园的园长，周围的家长都愿意把自己的孩子送到希妮所办的幼儿园，因为阳光自信的希妮能够激发孩子们的自信。

从希妮所办的幼儿园走出来的每一个孩子，心中都有一个"自信的陶罐"。

梦想启示

我们的身体，是由父母给予的；我们的时间，是由上苍给予的；我们的自信，往往是由自己给予的。其他的都是外力，对于你的急需，通常爱莫能助，唯有自信是我们在生活的经历与感悟之中努力获得的，与我们相伴。

自信，会让你的人生发生质的改变，就像铁加入少量的碳而变成钢。

身体，是父母给予的，需要锻炼，让它健健康康；时间，是上苍给予的，需要珍惜，让它实现你的梦想；自信，就需要发动你的能动性，找到属于你的"自信的陶罐"。

被法院查封

20世纪30年代初，世界头号经济强国——美国，爆发了空前严重的经济大危机。期间，大量银行倒闭，工厂破产，数千万人失业，成千上万的人无家可归，全国上下处于一片萧条和动荡之中。

股市崩盘后，许多富翁一夜之间变成了身无分文的穷光蛋。

一天，纽约一家通信公司的老板忧心如焚地回到家里。

他眉头紧皱，来回在房间踱步，妻子已经明白是怎么回事了。她明知故问道："亲爱的，你今天怎么啦？"

"哦，上帝！完蛋了，我完蛋了啊！现在，我什么都没有了，法院已经宣告我破产了！天哪，从明天起我们家里所有的一切就要被法院查封了。"说完，他坐在沙发上失声痛哭。

这时，妻子却显得很平静，她温柔地上前抚摸着丈夫的肩头，问道："亲爱的，你的身体也被法院查封了吗？"

"不，那倒不至于！"他有些迷惑地抬起头看着妻子。

"那站在你面前深爱着你的妻子，她也被查封了吗？"妻子接着问。

"不，没有！"丈夫开始拭去自己眼角上的泪水，神情恍惚地看着妻子。

"那我们3个心爱的宝贝呢？他们也被查封了吗？"

"不，亲爱的，宝贝们同这件事情没有一点儿关系，他们还小！"

"现在，事实已经清楚了，怎么能说我们所有的一切都被法院查封了呢？在你的身边，还有1个一直支持你的妻子，以及3个充满希望的孩子。况且你能力出众，不但经验丰富，还有上天赐予你的灵活的头脑和健康的身体。至于那些房子、车子、股票……就当是为过去埋单了！我们还有的是机会把现在丢失的一切再赚回来。你说呢？"

丈夫听后连连点头，甚至嘴角还露出一丝不易觉察的微笑。现在，他又有了信心和勇气。几年后，在罗斯福总统实行新政的过程中，他不但赚回了一切，还取得了比过去更加出色的成就。

梦想启示

悲观和积极，是人们的两种心态。

有时，人的心态并不是靠知识来调节的，而是靠生活的积累和知识背景升华出来的情商来调节的。

知识的不断获得，决定一个人能够有多大智力；而情商的高低，能够决定一个人走多远，这才是决定的因素。

用乐观的心态看世界，总会得到意料之外的收获。

一张白纸上的黑点

曾读到这样一个故事：有一位年轻的女孩，结婚后不久，回到娘家时，她便在父母面前诉说丈夫的种种不是。似乎在这位女孩的生活当中，恋爱时看到的只会是爱人的优点，现在看到的只是缺点。

有一次，女孩又在娘家讲述丈夫的缺点，在一旁倾听的父亲，这时转过身去，从书房中拿来一张白纸，在这张雪白的纸上画了一个黑点。

然后，他拿到女儿面前，问道："你看到上面是什么？"

女儿毫不犹豫地回答："有一个黑点。"

父亲又问了同一个问题，女儿继续回答："是一个黑点呀！"

父亲说："女儿，除了黑点，你难道就看不到这是一张白纸吗？"

女儿听后，若有所思，好久不再言语。从那以后，她再也不在父母面前数落丈夫的种种不是，小两口的日子，也一天比一天过得好了。

后来，因受这个故事的启发，我也在工作中拿一张白纸做过这样的试验。

往往在一张白纸上点上一个小黑点后，拿给许多孩子看，问他们看到什么时，绝大多数孩子也会不假思索地说："有一个黑点。"

这，就是人们的答案。

事实上，这个答案当中有许多陷阱。

如何看待一个问题，其结局往往会有很大的不同。

观察的对象不会为我们改变的，但我们可以改变自己的看法，换一个甚至几个角度去思考问题。

结果往往会发现，所有的迷惑都得以解决了。

梦想启示

　　情商，让我们学会不断换角度思考问题。改变自己，将自己变得更加美好，接着你会看到，世界也跟着改变了。

　　因为，这样看到的不再是缺点，不再是不完美，而是一件事物好的方面，带给你的是积极的信息。

太太的支持

美国著名作家**纳撒尼尔·霍桑**，在成名之前曾是一名小职员。

在缅因州的博多因学院读书时，霍桑就爱上了文学，尝试着写过短篇小说。后来，霍桑在海关任职，在那里，他并没有受到重视。于是，霍桑一边处理手头的工作，一边尝试写小说。

1846年，霍桑买下了新罕布什尔州康科德的一座叫"路侧居"的古老住宅，偕妻子在那里居住下来。这是一段令他无比欢喜的日子，因为霍桑的邻居是大作家、思想家爱默生和梭罗等人。

然而，两年后，霍桑因政见与当局不同而失去了海关的职务。

那一天，霍桑的心情很沉重。他垂头丧气走回家，对太太说自己被"炒鱿鱼了"。

太太苏非娅听后，不但没有任何失望的表情，反而兴奋地对霍桑说："这太好了，现在你就能够专心写作了。"

霍桑却苦笑着说："是啊，我是可以写书了，但是我们靠什么生活呢？"

苏非娅却对丈夫莞尔一笑，她打开了一个小抽屉，里面正放着一叠数量不少的钞票。

霍桑十分吃惊，好一会儿才问道："亲爱的，这些钱是从哪儿来的？"

苏非娅解释说："一直以来，我都相信你有写作才华。我相信你有一天会写出一部名著，因此在以往的日子，每一个星期，我都把家里的日常开销省一点下来。现在，我相信这些钱足够我们生活一年了。"

有了太太精神上的鼓励，还有经济上的支持，霍桑充满了干劲，顺利完成了长篇小说《红字》，以及后来的《带七个尖顶的阁楼》《福谷传奇》《玉石人像》等著作。

最终，纳撒尼尔·霍桑成为美国19世纪前半期最伟大的小说家之一。

梦想启示

历史上许多名人，他们之所以能够获得伟大成就，都得益于亲人或者朋友的鼓励与帮助。

只要有了积极的生活态度，我们便能够从生活中获得正能量。一时的失意可以成为另一个事业的起点。

在任何时候，尤其身处困境之时，乐观总比悲观显得更有力量。当然，也要学会像苏非娅那样做好必要的准备。

第十二章 心态

心态，左右梦想的实现，决定命运。

因为，一个人的心态，决定了能否为自己实现梦想提供持续动力。

好的心态，不但能够让人更便捷地取得成功，还能够在现有的条件下享受更高质量的生活。

快乐，在于寻找，也在于发现。良好的心态，将帮助你保持心灵的敏锐。

不能流泪就微笑

辛蒂住在一个与世隔绝的地方，她这样做不是为了隐居，或向众人彰显特立独行的性格，而是根据医生的建议，住在一个足以逃避所有威胁的"世外桃源"。

这个"世外桃源"，位于美国爱荷华州的一座山丘上，有一所不含任何合成材料、完全用自然物质建造而成的特殊的房子。住在这所房子里，辛蒂需要依靠人工灌注的氧气生存，并只能以传真与外界联络。

原来，辛蒂有一段特殊的经历。1985年，当时她在一所医科大学读书，一次，她去山上散步，带回一些蚜虫。当辛蒂拿起杀虫剂为蚜虫去除化学污染时，不幸发生，她突然感到一阵痉挛，原以为那只是暂时性的症状，谁也想不到，她的后半生就此毁于一旦。

杀虫剂内含的化学成分使辛蒂的免疫系统遭到破坏。从此，辛蒂对香水、洗发水以及日常生活接触的化学物质一律过敏，连普通的空气也可能使她支气管发炎。这种"多重化学物质过敏症"是一种慢性病，目前尚无药可医。

刚患病的那几年，辛蒂一直流口水，尿液变成了绿色，汗水还会刺激背部，形成疤痕。辛蒂甚至不能睡在经过防火处理的床垫上，不然会引发心悸和四肢抽搐。辛蒂所有吃的、喝的都得经过选择与处理。她平时只能喝蒸馏水，食物中不能有任何化学成分。辛蒂所承受的痛苦是常人无法想象的。

后来，丈夫吉姆用钢和玻璃为辛蒂盖了一所无毒房子，用来逃避所有威胁。多年来，辛蒂住在那个与世隔绝的空间里，那里没有一棵花草，也没有阳光，她无法听到悠扬的声音，感觉不到大自然的清风和水流。在那个小屋子里，辛蒂无所事事，饱尝孤独，但她不能放声大哭。因为她的眼泪跟汗水一样，也会成为威胁自己的毒素。

不能流泪就微笑。

坚强的辛蒂开始了漫长而艰辛的与命运的抗争。1986年，辛蒂创立了环境接触研究网，为那些致力于此类病症研究的人士提供一个窗口。1994年，辛蒂与另一组织合作，创立了化学物质伤害资讯网，为普通人士提供相关信息。目前，这一资讯网拥有5000多名来自32个国家的会员，不仅发行刊物，还得到了美国上议院、欧盟及联合国的大力支持。

梦想启示

辛蒂是不幸的，她无法过正常人的生活。当辛蒂面对了现实，对生活的态度渐渐发生改变之时，她发现自己的生活也随之发生了改变。

辛蒂说："在这寂静的世界里，我感到很充实。因为我不能流泪，所以我选择了微笑。"不能流泪就微笑，正是这样平实的心态，让辛蒂在做公益事业的过程中获得了充实和满足。

追求完美的苦果

奥尼尔上大学了，他终于可以实现自助旅行的梦了，他喜欢自助旅行。于是，他利用暑假，驾车去五大湖游玩，这次他遇到了一件非常有意思的事。

当时，他遇到一个行为很奇怪的老人。你只需看老人一眼，便知道他是一个来自远方的旅人。他满脸沧桑，背着一个破旧不堪的背包，所穿的那双鞋子因长期行走而有了几个洞。

这位老人虽然看上去显得很狼狈，但不论是行走或躺卧，他那双炯炯有神的眼睛却格外引人注目，因为他总能仔细而专注地观察每一个从他眼前走过的人。

老人沧桑的外貌与他那双炯炯有神的眼睛组成了一个非常不统一的画面，引来了大家的目光。人们窃窃私语："他不是一个普通旅行的人，他肯定在寻找一件特殊的东西。"

老人到底在寻找什么呢？这勾起了奥尼尔强烈的好奇心。

最后，他还是忍不住了，走向前去问："您到底在寻找什么呢？"

老人倒是很坦荡，说："我像你这个年纪的时候，曾经发誓要寻找到一个完美的女人，同她结婚。这样，我离开了家乡，走上了寻找之路，我去了一个又一个城市，途经一个又一个村庄，可是一直到如今也没有找到一个完美的女人。"

奥尼尔很吃惊，问道："您寻找了多少年呢？"

老人说："我已经找了60多年。"

"难道说60多年来您都没有遇见过完美的女人？那是不是这个世界上根

本就不存在完美的女人呢？那您不是到死也找不到？"

"不，有完美的女人！这个世界上真的有完美的女人，我在30年前曾找到过。"老人如此坚定地说。

"那么，您为何放弃机会，不娶她为妻呢？"

"在30年前的一个清晨，我确实遇见了一个完美的女人。她全身散发着非凡的光彩，就如仙女下凡一般。她既温柔又善解人意，既细腻又体贴，既善良又纯净，既天真又庄严……"

老人随着自己的讲述，沉浸在往事的回忆之中。

这让奥尼尔有些心急，说："那您为什么还不娶她为妻呢？"

此时，老人已经忧伤地流下了眼泪，说："我立刻向她求婚，可是她却不肯嫁给我。"

"那是为什么呀？"

"那是因为她也在寻找这个世界上最完美的男人！"

梦想启示

在这个世界上，从来都没有最完美的东西。无论是生活，还是情感，还是工作……

如果真有的话，也只有最适合自己的，仅此而已。最适合的，并不是最完美的。最适合自己的，这里面多了许多理性的成分，帮助人们学会如何生活。

如果你在追求最完美的期待当中一直期待下去，那注定会一直在失望中度过。

快乐的城堡

塞尔玛与丈夫两地分居，后来她决定去丈夫驻扎的沙漠陆军基地同他团聚。

然而，在陆军基地，丈夫时常奉命去沙漠里搞演习，塞尔玛只好一个人留在陆军的小铁皮房子内。那里热得实在让人无法忍受，在仙人掌的阴影之下，也有52℃。更关键的是，她在那里没有朋友，身边只有墨西哥人和印第安人，这些人不会讲英语。塞尔玛整天沉默寡言，不讲一句话。她很难过时便写信给父母："我很孤独，想丢开一切回家。"

没过多久，塞尔玛收到了父亲的回信，只有短短的两行字。然而，就是这两行字永远留在了她的心中，并且改变了她的生活。

这两行字是：

两个人从牢狱中的铁窗向外望去，

一个人看到的是泥土，一个人却看到了远方的星星。

她反复阅读这封信，最后深深印记在脑海之中。于是，塞尔玛决定在这一片沙漠之中，找到属于自己的星星。

事情在悄然发生变化。她开始同当地人交朋友，他们的反应让她很是惊奇。当地人的纺织品、陶器引起了她很大的兴趣，他们就把自己最喜欢的纺织品和陶器，这些连观光客也舍不得卖的物品毫无所求地送给了她。

此外，塞尔玛开始研究引人入胜的仙人掌和各种沙漠植物、动物，从中获得了巨大乐趣。她还学习了有关土拨鼠的知识。她观看沙漠的日落，在流沙中寻找到了海螺壳，这些海螺壳是几十万年之前，这片沙漠还是海洋时留下来的……

现在，原本无法忍受的环境竟然变成了令人兴奋的美丽奇景。

到底是什么促使这塞尔玛的内心发生了如此之大的转变呢？事实上，千万年就存在那里的沙漠并没有改变，印第安人也依然是原来的生活方式，唯有塞尔玛的心态改变了，内心改变了。

观念的改变，让她把原先认为恶劣的境况变成了一生当中最有意义的冒险。甚至，塞尔玛为自己新发现的世界欣喜，并为此写了一本《快乐的城堡》的书出版了。

那里曾经是牢房，现在却是观望星星的一扇美丽窗口。

梦想启示

心态变了，眼光就会变，我们所看到的世界也跟着发生改变。

很多时候，人们看到一扇窗口，想到的是虚无，因为他甚至没有注意到它的存在。而有的人在同一扇窗口，却看到了星星、月亮，甚至太阳。

你想改变世界吗？那还是先放一放吧，先从改变自己的心态、自己的内心开始吧。

你听到什么了

有一个印第安男孩，同他的一个朋友走在纽约繁华的街道上，他的朋友为当地居民。突然，印第安男孩开口说道："我听到一只蟋蟀在叫，你听到了吗？"

他的朋友侧耳倾听了一会，然后回答说："没有，朋友！这是不可能的，你一定听错了！"

"不，我真的听到一只蟋蟀在叫。这是真的，我肯定！"

"你瞧，现在是晌午。想想看，现在到处是川流不息的人群，人声鼎沸，汽车喇叭声不断……这片街区是多么吵闹啊，你怎么可能在这样的环境当中听到一只蟋蟀在叫呢？"

"我依然肯定，我听到了。"印第安男孩坚定地回答，然后聚精会神地搜寻那个声音的来源地。他们走过一个街的拐角，再穿过一条街道，接着四处寻找，最后在一个街角边看到了一大片水泥地上有一小簇灌木丛。印第安男孩开始认认真真地搜索灌木丛中的落叶，最后在枯叶堆里找到了那只蟋蟀。

这时，他的朋友惊呆了。印第安男孩开口说道："朋友，并不是我的耳朵比你的更敏锐，而在于你在注意听什么。过来吧，让我给你一个惊喜。"

印第安男孩一边说，一边将手伸进自己口袋里，掏出了一把硬币：几个10美分的，几个5美分的，几个1美分的。印第安男孩将这些硬币一一撒落在地上，这时硬币撞击水泥地板，发出了一串清脆的响声。

随之，街道周围的人们都扭过头来看这边。

"你明白了我的意思了吗？"印第安男孩一边给他的朋友解释，一边弯腰拾起撒落一地的硬币："关键是你在注意听什么。"

梦想启示

　　人们往往只关注自己感兴趣的，而忽视了那些不感兴趣的人和事，这就是人性。在现实生活当中，人们往往只关注金钱，而忽视了环境，忽视了空气质量，忽视了河流的污染。社会浮华，即使关注环境，也只是停留在口头上说说而已。

　　在金钱至上的社会，人们为虚荣而战，从而忽视了内心世界，这也让幸福和平静的生活变得遥不可及。

　　如果你能用心倾听，就一定会有新的发现和收获。

快乐的种子

上帝将一捧快乐的种子交到幸福之神的手中，让她到人世间播撒这些种子。

临行之前，上帝将幸福之神叫到跟前，问："你准备把这些快乐的种子播撒在什么地方呢？"

幸福之神胜券在握地回答："我已经想好了，准备将这些快乐的种子藏在大海深处。让那些希望得到快乐的人经过大海狂风巨浪的考验之后才能找到它们。"

上帝听后，摇了摇头。

幸福之神稍做沉思，又说："那我就把这些快乐的种子藏在高山之上吧，好让那些寻找快乐的人历经千辛万苦才能找到它们。"

上帝听后，仍是摇头。幸福之神想了又想，再也想不出良策，只好尴尬地站在那里。

这时，上帝意味深长地说："你选择的两个地方都不是很安全啊。你应该把快乐的种子藏在每个人的心底。因为，人类最难以到达的地方就是他们自己的心灵。"

生活中，每一个人都需要快乐。细心想一想，人们来到这个世上，都是为幸福和快乐而奋斗。然而，很多时候，人们难以发现藏在心底的快乐。

因为，心是人们最难以到达的地方，同时也是离人最近的地方。只要你有一颗真实、富有情感的心，你就很容易得到快乐。

梦想启示

　　一直以来，快乐都不是一件复杂的事情，像微笑一样简单。

　　你对原野上的花朵微笑了吗？你对遇见的婴儿微笑了吗？你对迎面走来的老人微笑了吗？

　　请你对他们报以微笑吧，如果你做到了，忧虑、欲望、抱怨和仇恨就会远离你的心，你就会很喜悦，同时，你也会发现幸福之神藏于你心底的快乐种子。

渔夫的生活

一位美国商人去墨西哥旅行。他站在墨西哥湾一个小渔村的码头上，看了看手表，刚好10点钟。这时他遇见了一位渔夫，正从海中划着一艘小船靠岸。

渔夫的皮肤已经完全被阳光晒黑，看上去很健康。商人抬头看了看船，那里正放着几条十分新鲜的金枪鱼。他便对那位渔夫能抓到如此高档的金枪鱼称赞了一番，并且问道："抓这么多鱼，需要多少时间？"

渔夫说："今天运气不错，只用了一会儿工夫。"

商人又问道："既然运气不错，为什么不待久一点，多抓一些鱼回来呢？"

渔夫却不这样认为："这些鱼已经足够我一家人生活所需啦！"

商人并不放过，又问道："那么，你一天剩下那么多时间都用来干些什么呢？"

渔夫回答道："我每天睡到自然醒，然而划着小船出海捉几条鱼回来，再同我的几个孩子玩一会儿，然后跟老婆睡个午觉，黄昏时晃悠到村子里的酒馆，喝上几杯小酒，跟几个哥们儿弹吉他、唱民歌。这样一来，我的日子过得既充实又忙碌！"

这听上去很顺耳，然而商人并不认同。他开始帮渔夫出主意："我毕业于哈佛大学，学企业管理，我倒是能够帮上你的忙！每天，你应该多花费一些时间去捕鱼，挣到钱后就买一条大船。然后，你就能够捕到更多的鱼，这样的话，你就可以多买几条渔船。这时，你就可以拥有一只捕鱼船队，雇一些工人同你一起去捕鱼。你就再也不必将鱼卖给鱼贩，而是直接卖给加工厂。事实上，你只要开动脑筋，完全可以自己开一家罐头工厂。再然后，你可以离开这个小渔村，搬到墨西哥城发展，最后甚至可以搬到纽约。在那里经营你不断发展壮大的企业。"

听到这里，渔夫有点头晕目眩，他只好问道："先生，你所说的一切需要花多少时间呢？"

商人回答："15年，或者20年。"

"然后呢？"渔夫问。

这时，商人大笑起来："然后，你能在家当皇帝！时机一旦成熟，你就宣布股票上市，把你的公司股份卖给那些投资人。到时，你就发大财啦，赚上几个亿也不成问题！"

"然后呢？"渔夫继续问道。

商人回答："那还用说，你可以退休了，搬到你曾经居住的这个小渔村。每天，你就睡到自然醒，出海随便抓几条小鱼，再跟孩子们逗乐一会儿，再跟老婆睡个午觉，太阳西下时晃到村中喝点小酒，跟哥们儿玩吉他、唱歌！"

听到这里，渔夫明白了，也疑惑了，说："我现在过得就是这个样子嘛！"

梦想启示

　　每一个人的处境、心态以及所受的教育不同，对生活的理解和追求也不尽相同。鞋子在自己的脚上，合适不合适只有自己知道。

　　所谓幸福生活，并不一定要有多么雄厚的物质作为基础。幸福的基础大概有很多，良好的心态是其中最重要的基础之一。

豆子的精彩

对于犹太人来说，卖豆子的人应该是全世界最快乐的人。因为，他们永远也不必担忧自己的豆子卖不出去。

这么说吧。假如他们去街市卖豆子，结果没卖完，他们可以将豆子拿回家，去磨成豆浆，再拿到街市卖给顾客。假如运气欠佳，豆浆也卖不完，就可以回家制成豆腐。如果豆腐也没卖完，时间一长变硬了，还可以当成豆腐干去卖。要是豆腐干也卖不出去的话，还有退路可走，那就是把这些豆腐干腌起来，全变成豆腐乳。要知道，豆腐乳的保质期会很长的，完全可以放下心来慢慢卖，直到卖完为止。

当然，这些还不是唯一的选择。

看看吧，还可以这样做：

卖豆子的人，可以把卖不出去的豆子拿回家，加上水让豆子发芽，几天之后改为卖豆芽。

假如运气不佳，豆芽也卖不出去，就让它再长大一些，变成豆苗吧。

如果豆苗还是卖不动，就干脆让它再长大一些，移植到花盆里，当作盆景拿出去销售。

如果盆景也不好卖，还是再费一些功夫吧。将它们统统移植到泥土中，让它自由生长。只需再等上几个月，它们就能够结出许多新豆子。这样算来，一颗豆子可以变成上百颗豆子，想一想就让人惊喜。

犹太人有顽强的精神。当一颗豆子被冷遇的时候，都有无数种精彩可以选择，何况一个怀有梦想的人呢？

梦想启示

　　只要有灵活的头脑，生活当中遇到再多的阻碍、再多的困难，都是能够想办法克服的。

　　有时，一时的失败和挫折也许是生活的奖赏。只要学会调整和转变，不久的将来，一条光明的道路就会出现在你的眼前。

找到心里的底线

去印度尼西亚巴厘岛的一次旅行，让**迈克利**收获颇多。因为她不仅收获了自己喜欢的木雕，还让她明白了应该坚守自己心里的那条底线。

坚守自己的底线，才能坚持自我。

一次，她去逛集市，被一个做工精致的木雕吸引了，再加上木雕所表现的异国情调，她不由得喜欢上了。

于是，她问道："先生，多少钱呢？"

"20000卢比。"小商贩毫不迟疑地说。

"8000，怎样？"迈克利砍价说。

"天啦！"小贩表情夸张，用手拍着前额，做出一副即将晕倒的模样，然后盯着迈克利的脸说："15000。"

"8000。"迈克利强作镇定，面无表情地说。

"天啦！"小商贩站起身来，围绕摊位转了一圈，然后转向旁边的摊子，对着别的摊主举起手里的木雕喊道："天啦，她只出8000！"

话毕，小商贩又回到自己的摊位，对着迈克利说："好了，最低价了，卖你13000，算是结个缘，明天你带朋友来照顾生意，行不行？"

迈克利耸耸肩，笑着转身离去了。她知道自己的口袋里只有9000，如果她出9000，距离13000，还有很大的差距。她大概走出了七八步，小商贩就在后面喊道："12000！12000！"

迈克利没有回头，走到了其他摊子上看看，小商贩还在朝她招手："你来嘛！来嘛！我们交个朋友吧，我给你最低价，10000，算是半卖半送！"

迈克利继续朝前走，她差不多走出了那片摊贩聚集地。突然，一个小男孩跑过来，原来，他是那个摊贩派来的，把她拉回了那家店。

"好啦！好啦！我要休息了，就8000啦！"

如今，那个精致的木雕就放在迈克利的桌子上。偶尔，她会想起这件事情，就提醒自己："我为什么能买到？"因为，她坚持了自己的底线。小商贩为什么会卖呢？因为小商贩知道她心里的那条底线已经很难突破。

梦想启示

当你的口袋里只有9000卢比时，你就要坚持住自己那个"8000"的底线。因为，这时"8000"与"9000"没有本质的区别。这也是你唯一能够拿出来的钱。

在心理较量时，找准底线并坚守这一底线，往往会帮助你赢得主动。